KB121310

유태인 5천년간의 지혜

탈무드 지혜

마빈토케이어 지음
이 상 근 옮김

太乙出版社

머리말

이 책은 비단 유태인 뿐 만 아니라 전 세계의 사람들이 읽고 배워야 할 지혜의 보고(寶庫)이다.

세상을 살아가는 모든 지혜가 이 책 속에 담겨져 있는 것이다.

무한한 가능성에 도전하며 슬기롭게 처세해 나가는 강인한 유태민족의 인내와 끈기, 그리고 슬픔 속에서도 유머를 잃지 않는 그들의 생활방식이야 말로 그들의 오늘을 있게 한 원동력이 아닐 수 없다.

오늘날 유태민족은 세계의 시장을 주름잡으며 그들의 풍요를 자랑하고 있다.

그것은 바로 탈무드의 온갖 지혜를 그대로 습득한 때문이 아닐까? 수천 년 전부터 전통적으로 이어져 내려온 지혜가 오늘날 과학문명이 극도로 발달된 사회에서 그대로 통한다는 것은 놀라운 사실이 아닐 수 없다.

그렇다면 유태인들은 이미 고난의 역사를 넘은 그 이전에 화려한 문화를 자랑하고 있었다는 결론이 나온다.

유태인의 두뇌가 다른 민족에 비해 독특한 것은 사실이지만 그런 두뇌의 배출은 바로 자기네들의 전통적 사고방식과 탈무드 식 지혜와 도전과 교육과 기타 탈무드의 모든 것에서 나온다고 해도 틀린 말은 아닐 것이다.

사람은 평생을 살아가면서 결코 행복만을 영위할 수는 없다. 때로는 견딜 수 없는 슬픔을 당할 때도 있고 경제적으로 심한 타격을 받은 끝에 좌절의 세월을 보낼 경우도 있을 것이다.

그러나 그런 위기를 당할 때마다 최상의 지혜를 배워 대처해 나가는 현명함을 우리는 터득해야 한다.

이 책은 모든 지혜를 줄 것으로 믿는다.

격변하는 세상, 언제 어디에서 어떤 사건이 벌어지더라도 우리는 가장 현명한 길을 찾아내어 나가지 않으면 안 될 것이다.

목차

구약성서의 진미

해학의 지혜

해학의 뿌리

유태인의 해학은 서구는 물론 동양의 동서를 통한 어느 나라 민족의 해학보다 뛰어나고 풍부하다. 그것들은 날카롭고, 의미심장하고, 위트가 넘치는데 그 무궁무진한 해학과 기지는 탈무드에 바탕을 두고 있다.

뿐만 아니라 학문과 예술과 기술의 분야에서도 모두 세계적인 인물을 낳고 있다. 또한 한 예로 노벨상 수상자들을 볼 때 유태민족이 가장 많다.

그러한 사람들이 많건 적건 간에 그들 모두가 성장과정에서 해학을 몸에 익히고 있는 것이다. 해학 즉, 유머라고 하면 일상의 대화 속에 우스갯 소리 라고 생각하기 쉽다. 그러나 유태인의 경우, 그것은 지적인 양식의 중요한 부분을 이루고 있다.

때문에 유태인의 아버지들은 가능한 한 많은 유머를 기억하여 아이들과 이야기를 나눌 때에는 그것을 최대한으로 활용하고 있다. 대개의 유태인의 교육은 가정에 있다고 말하고들 있는데, 그 가정교육의 중요한 역할을 해 내는 것이 바로 그들의 유머이다.

그러면 여기서 그렇게 중요한 그들의 유머가 어떻게 해서 유태인들 사이에 생겨나게 된 것인가를 알아보자.

첫째로, 유태인들은 유태 민족에게 특별하게 주어진 가혹한 고난과 시련을 극복하고 살아온 냉엄한 환경에 놓여 져 왔다는 것을 역사에서 찾아볼 수 있다. 즉 그러한 막다른 고난을 극복해 내는 힘을 발휘하는 것이 유머인 것이다.

1967년에 발발했던 소위 6일 전쟁에서 아랍 공군의 폭격을 맞으면서도 방공호 속의 유태인들은 서로 농담을 나누었다고 한다. 그것은 흥분해서가 아니라 그렇게 하는 것이 자신들을 구하는 최상의 지혜라는 사실을 그들은 너무나 잘 알고 있었기 때문이다.

그리고 두 번째로는, 중동지방에서 거주하는 유태인 집단 촌락에는 의례 유머를 만들어내는 탤렌트가 나타나게 마련이다. 유태인의 유머의 대부분은 그 그룹에 속하는 유태인들에 의해서 만들어진 것들이다.

한 예로 스페인에 거주하는 유태인은 어떤 역경에 처하더라도 유머로 자신을 위로하려 하지 않았다는 사실이 반대로 그것을 말해주고 있는 것이다.

끝으로 세 번째, 무엇보다도 가장 중요한 점인데, 19세기에 이르기까지 특히 동부 유럽에서 성행하던 유태인 남자에 대한『탈무드』교육인 것이다.

『탈무드』는 유태민족의 5천년에 걸친 역사를 통해 지혜를 집대성하여 전승한 총 20권, 1만2천 페이지에 달하는 대율법전이다.

『탈무드』의 문장에는 구두점도 없고 기술이 매우 난해하게 되어있어 그것을 어떻게 해석하고 진리를 찾아내는가 하는 것이『탈무드』를 공부하는 사람들의 가장 큰 난제가 되고 있는 것이다.

때문에 유태인은 아무리 작은 일이라도 심사숙고하며 자랑스러운 얼굴로 진리의 교훈을 발견하려는 습성이 있다. 그러나 더러는 핵심이 빗나간 해석, 결론도 가끔 내리게 되는데, 그것이 유머의 씨앗이 된다.

유머에 자주 등장하는 랍비는 난해한 탈무드의 깊은 뜻을 연구한 유태교의 승려이며 학자이어서 유태인 사회 지도자의 핵심을 이루고 있는 사람들을 일컫는 대명사가 되고 있다는 것이 통례처럼 되어 있다. 그러나 유태인 사회에서는 그 밖에도 대중이나 특히 부녀자들은 대상으로 하여 그들에게 어울리는 교의를 들려주는 것을 직업으로 삼고 있는, 그다지 교육 정도가 높지 않은 일종의 순회 설교사도 있다.

그 순회설교사들이 유태인들의 유머에 자주 등장하고 있음을 본다.

인간성에 근간을 둔 사상

세계 각처에 흩어진 유랑 민족인 유태인에게 군대라는 것은 1948년 이스라엘 국이 탄생하기 전까지는 전혀 생소한 이름이었다.

첫째, 그것은 조국을 잃은 유태인들이 살고 있던 대부분의 나라들은 유태인들에게 완전한 시민권을 주려고 하지 않았을 뿐만 아니라, 오히려 그들 나라의 군대나 관청 같은 기구로부터 박해의 대상이 되었던 것이다.

그리고 둘째 탈무드의 가르침을 믿는 유태인들은 전쟁과 같은 광란적인 현상과는 전혀 인연이 멀어서 박해자 내지는 적 가운데서도 인간성을 찾아보려는 전통적인 유태교적 사고방식에 원인이 있다.

한 예로 다음과 같은 간단한 유머를 통해 설명해 보겠다.

전쟁의 발발로 러시아에 살고 있는 유태인 가(街) 신학교의 랍비 학생들도 징집되었다. 그들 랍비와 학생들은 군사훈련을 받았다. 그들은 사격훈련에서 매우 좋은 성적을 올렸고, 그 러시아인 장교들은 만족해했다.

훈련을 마친 랍비와 학생들은 전선으로 나갔다. 전선에 도착한 그들에게 러시아인 장교는 사격개시란 명령을 내렸다. 한데 총소리는 나지 않고 조용하기만 했다.

계속해서 러시아인 장교가 사격명령을 내려도 여전히 그들은 총을 쓰지 않았다.

러시아인 장교는 버럭 화를 내며 소리쳤다.

"너희들은 훈련 때는 사격성격이 매우 좋았는데, 왜 총을 쏘지 않는 거야?"

그러자 이등병인 랍비가,

"왜냐구요? 앞에 사람이 있는 것이 보이지 않습니까?" 라고 대꾸했다.

한데 그들의 조국 이스라엘이 건국한 후, 아랍제국에게 둘러싸이고 국토방위의 필요성을 절감했던 유태인들은 생존을 위해 군비를 충실히 하지 않을 수 없었던 것이다.

따지고 보면 전쟁에 대해 부정적이었던 세계 각국에서 모여든 유태인들이 오늘날과 같이 강력한 국방력을 갖추기까지는 많은 일화를 남겼을 것이라 여겨진다.

어쨌거나 이스라엘 건국 후의 이스라엘군이 어떤 것이었는가를 말해주는 우스갯거리도 수 없이 만들어지고 있는 것이 사실이다.

모국(母國)을 의식한 유머

유태인들의 유머에는 그들이 살던 나라나 다른 이민들과의 사고방식의 차이에 의해서 발생한 마찰을 다룬 것들이 많은 것이다.

그 한 예로 러시아계 유태인들에게는 시오니즘의 계승자가 많은데, 유독 장사에 관해서는 아무것도 모르는 이상주의자들로 다루어지고 있음을 본다.

폴란드, 리두아니아 등지에서 온 유태인은 교활하기로 이름나 있으며 루마니아 계는 사기꾼이나 도둑이라는 선입관을 갖고 대하고 있다.

그러나 이러니저러니 해도 유머의 대상으로 가장 많이 다루어지고 있는데다가 유태의 『성서』에 대한 지식이 얕을 뿐만 아니라 헤브라이어를 모르고 장사에 서툴다고 해서 사실 바보 취급을 받고 있는 것이다.

그들에 대해 다음과 같은 유머까지 있다.

"독일계 유태인과 처녀와의 차이는 무엇인가?"

"그건, 독일계 유태인은 언제까지나 독일계 유태인이라는 점이 차이지."

어쨌든 유태인의 생명의 영양원은 해학이다.

만일 유태인들에게 유머가 없었다면, 오늘날 유태민족은 존재하지 않았을지도 모를 일이다.

유머는 유태인들에게 있어서 영원하고 무한한 힘의 원천이라 할 수 있는 것이다.

뒤범벅 상태

탈무드

"요이네 씨, 5천년 역사의 유태민족의 지혜를 모았다는 탈무드가 주는 교훈은 무엇입니까?"

"한 예를 들어보지. 그러니까, 두 사나이가 굴뚝 속으로 떨어졌다고 하자. 한데 한 사람은 검정 투성이고 다른 한 사람은 깨끗하다고 하면 세수를 하는 쪽은 어느 쪽이겠소?"

"그야 더러운 사람이지요."

"천만에 그렇지 않소. 더러운 사람이 깨끗한 쪽을 보고 나도 검정이 묻지 않았군. 하고 생각할 것이 틀림없지. 한데 깨끗한 쪽에서 더러운 사람을 보면 자기도 검정이 묻었으려니 생각할 거야. 그러니까 깨끗한 사람이 씻게 마련이지. 그러면 또 한 가지 묻겠는데, 두 사람이 다시 한 번 굴뚝 속으로 떨어졌다면 이번에는 누가 씻을 거라고 생각하나요?"

"그건, 이미 알고 있는 사실이 아닌가요?"

"그렇게 생각하겠지. 하지만 깨끗한 사람은 자기가 씻을 때 별로 검정이 묻지 않았다는 사실을 알았소. 그런데 더러운 쪽은 깨끗한 사람이 어째서 씻었는가 하는 이유를 알게 됐지. 해서 이번에는 더러운 쪽이 씻었다는 것이 정답이오. 그렇다면 세 번째 질문인데, 두 사람이 세 번째 굴뚝 속으로 떨어졌다면 이번에는 누가 씻을 거라고 생각하오?"

"그건 더러운 사람이 씻게 되겠지요."

"또 틀렸소. 이봐요. 두 사람이 동시에 굴뚝 속으로 떨어졌는데, 한 사람은 깨끗하고 한 사람에게만 검정이 묻었다는 말을 들어본 적이 있소? 그것을 탈무드라고 하는 것이오."

주정

"랍비님, 술을 마시면 취하는 이유가 뭡니까?"

"사람의 몸에는 오른쪽에는 선, 왼쪽에는 악이 도사리고 있지. 한데 뱃속에 술이 들어가면 홍수가 나서 선과 악이 뒤섞이어 분간할 수가 없게 되어 버리지. 그러한 상태를 사람들은 주정이라고 말하는 거지."

"그렇다면 만일 뱃속에 액체가 고여서 취하는 것이라면 술이 아닌 물로 채워도 될 게 아닙니까?"

"그러니까 자네는 바보 취급을 당하는 거야. 도대체 물을 마시고 취하는 사람이 이 세상에 있을 것 같은가?"

피장파장

어느 두 남자가 대화를 나누고 있었다.

"넌 정말 바보로군."

"그래. 바보인지도 모르지. 그렇다면 내가 너의 친구니까 바보란 말인가, 아니면 내가 바보여서 너의 친구가 됐단 말인가?"

진실

"랍비님, 나는 멍텅구리입니다. 어떻게 영리해지는 방법이 없을까요?"

"자신을 바라보고 생각한 자네는 바보가 아닐세."

"하지만 모두들 나를 바보라고 부르는데요?"

"다른 사람들이 자네를 바보라고 한다고 해서 바보로 알고 있다면, 자네는 틀림없는 바보야."

적반하장

큰 나무가 길을 막고 넘어져 있었다. 마차에 타고 가던 사람들이 그 앞에서 어떻게 해야 할 것인가를 의논했지만 묘안이 떠오르지 않았다. 한데 또 마차가 왔고, 건장한 사나이가 뛰어 내렸다. 그는 눈 깜짝할 사이에 그 나무를 들어서 길가로 비켜 놓았다. 그러자 누군가 한 사람이 내뱉듯이 말했다.

'정말 장한 일이야. 하지만 완력에 호소하다니!'

이동

"도대체 말의 수가 소보다 적다는 것은 납득이 가지 않아. 소는 도살당하지 않는가?"

"다 까닭이 있어. 말은 자주 도둑맞기 때문이지."

"하지만 말을 훔쳐간 곳에는 말의 수효가 많지 않은가?"

"거기서도 말은 또 도둑맞기 때문이지."

예상

유태교도는 『탈무드』를 공부할 때에는 모두들 모자를 쓰는 것이 원칙으로 되어 있다.

한데 어느 안식일에, 나하만이 슈무르의 집을 방문했더니 슈무르가 모자만 쓰고 벌거벗은 채 『탈무드』를 공부하고 있었다.

"슈무르 군, 그게 무슨 꼴인가?"

"응, 이렇게 더운 날에는 누가 찾아올 것 같지 않아 좀 벗었을 뿐이지."

"그 꼴에 모자를 왜 쓰고 있는가?"

"그래도 혹시 누가 올지도 몰라서지."

살아 있다는 증거

유태인들의 프림제에는 소주를 마시는 습관이 있다.

한 유태인이 소주를 너무 많이 마시고 길바닥에 쓰러졌다.

밤중에 순찰 차 나온 경찰관이 그 취객을 발견했을 때 그는 살아 있는 것 같지 않았다. 그래서 시체안치소로 옮겼다.

몇 시간이 지나자 술주정뱅이가 술에서 깨어났다.

'내가 어찌된 일이야? 시체실에 와 있다니! 나는 살아있는데 주위에는 죽은 사람뿐이니, 나는 죽은 것일까? 그런데 죽은 내가 오줌이 마렵다니 그것 참 이상한 일인데.'

젊은 부부

유태인들의 『유월절』은 그들의 탈출을 기념하는 행사이다. 처음 이틀 동안은 관습에 따라 식탁 차리는 전통적인 의식에다가 전설을 낭독한다든지 하는 까다로운 의식이 행하여지므로 한 가정의 가장에게는 아주 골치 아픈 행사이다.

한데, 갓 결혼한 젊은이가 처음으로 유월절 의식을 행하게 되었는데 식탁 차리는 법을 알지 못했다.

해서 젊은 신부를 가까이에 있는 대장간으로 보내 창문으로 상 차리는 법을 보고 오라고 했다. 한데 그 대장간에서는 마침 부부싸움이 한창이었다. 대장간집 주인이 마누라를 삽자루로 때리고 있는 중이었다. 깜짝 놀란 신부는 집으로 돌아오긴 했지만 두려운 나머지 감히 입을 열 수가 없었다.

젊은이는 화가 치밀어 삽을 들고 아내를 때리려고 했다. 그러자 젊은 신부는 울면서 남편을 원망했다.

"이런 법이 어디 있어요. 당신은 다 알고 있으면서 뭣 때문에 저를 대장간으로 보냈죠?"

안식일

안식일은 금요일 저녁부터 토요일 저녁까지다.

유태인은 그 안식일에는 절대로 불을 붙이거나 끄거나 해서는 안 되도록 정해져 있다. 그래서 마을에 따라서는 불 끄는 비 유태인을 따로 고용해서, 금요일 밤 늦게 유태인 가정을 돌아다니면서 불을 끄게 한다.

한번은, 불 끄는 사람이 나타나지 않아서 유태인 일가는 촛불이 켜져 있는 동안에는 잠을 잘 수 없으므로 난처한 입장에 놓이게 되었다. 그래서 주인은 한 가지 꾀를 내어 어린 딸을 촛불가까이로 불렀다.

"레베카야, 너는 똑똑한 아이니까 헤브라이어로 부활제를 무엇이라고 하는지 알고 있겠지? 어디 큰소리로 말해 보겠니?"

"페에, 삿, 하!"

레베카는 자신 있게 큰 소리로 말했다. 그 바람에 촛불이 꺼져서 그들은 잠잘 수 있었다.

장소가 다르다.

안식일에는 불을 쓰지 않으므로 유태인들은 담배를 피우는 곳이 허용되지 않는다.

현대적인 감각의 소유자인 유태인 코온 씨가 어느 안식일에 담배를 문 채 산책하고 있었는데 그는 자신도 모르는 사이에 화약고 앞까지 왔다. 보초병이 놀란 눈을 하고 큰소리로 외쳤다.

"여보시오, 금연이라는 것을 모르시오?"

그러자 코온 씨는 안 됐다는 듯이,

"아직도 옛날 같은 군인이 있군 그래."

라고 말했다.

쓸데없는 걱정

어느 행상인이 무거운 짐을 지고 지나가는 것을 보고 안쓰럽게 여긴 한 마부가 행상인에게 말했다.

"여보시오, 내 마차에 타시오."

그러자 감사를 표한 그 행상인은 마차에 타긴 탔는데 등에 짊어진 짐을 내려놓으려고 하지 않았다.

"짐을 내려놓는 게 편하지 않소?" 마부가 말했다.

"나를 태운 것만도 말에게 부담이 될 텐데 이 짐까지 내려서 타다니요! 짐만은 사양하겠습니다."

방향

한 유태인이 거리를 걷고 있었다. 그때 맞은편에서 마차가 다가오고 있었다.

"여기서 샤티마지 마을까지는 얼마나 되나요?"

행인이 물었었다.

"약 반 시간쯤 가는 거리입니다."

마부가 대답했다.

"죄송합니다만, 좀 태워주실 수 없을까요?"

"태워드리죠."

반시간이 지나도 마을이 나타나지 않자 유태인은 불안해졌다.

"샤티마지 마을까지는 아직도 멀었습니까?"

"약 한 시간 쯤 걸리죠."

"네, 뭐라구요? 조금 전에는 반시간이라고 했지 않습니까? 벌써 반시간 이상이나 왔는데요."

"그렇소. 한데 이 마차는 그 반대방향으로 가고 있으니까요."

시험

모세의 계율에는 돼지고기를 먹어서는 안 된다고 되어 있다.
한 유태인이 푸줏간에 와서 주인에게 물었다.

"이 햄은 얼마지요?"

그러자 갑자기 하늘이 어두워지고 천둥소리가 들려왔다.
유태인은 원망스러운 듯이 하늘을 쳐다보며 중얼거렸다.

"그저 값을 좀 물어보았는데 그 정도 가지고 그러십니까?"

장사번창

폴란드 서쪽에 헤름이라는 도시가 있는데 거기에서 사는
유태인들은 머리가 둔하다고 전해지고 있었다.

그 헤름에 사는 베루르와 슈메루르가 공동으로 소주 한 통
을 샀다. 그것을 소매로 팔려고 다니는 사이에 두 사람 모두
목이 칼칼해 졌다.

슈메루르가 참지 못하고 말했다.

"나한테 한잔만 팔게. 돈은 여기 있으니까."

몹시 더운 날이었으므로 목이 타서 견딜 수 없었다. 잠시
후에 베루르도 돈을 내고 한 잔을 사 마셨다.

그렇게 돈 한 푼이 두 사람 사이에 오가는 동안 술통이 바닥나고 말았다.

때마침 지나가던 한 남자가 물었다.

"장사는 잘 되시오?"

"아주 번창하고 있소. 하루 낮 동안에 다 팔렸지요. 그것도 모두가 현찰입니다."

계란 값

헤름의 한 여자가 시장을 보고 와서 남자에게 투정을 했다.

"계란 값이 올라서 야단났어요. 닭이 알을 낳지 않아 벌써 오래 전에 계란이 떨어졌었는데, 시장에 나왔다고 해서 가보니 2카페이카 하던 것이 4카페이카로 껑충 뛰어 올랐지 뭐예요."

그 말을 들은 남자는 감탄해서 말했다.

"닭이란 놈은 참으로 영리한 놈이야. 2카페이카할 때는 사보타지를 하더니 4카페이카가 되니까 알을 낳는단 말이야."

할 말은 있다

해름 출신의 하인이,

"이 병에 1리터의 술을 사오라고 하셨는데 다 들어가지 않아서 나머지는 바닥의 오목한 곳에 넣어두고 왔습니다."

그렇게 말하고, 주인에게 마개도 닫지 않은 병을 거꾸로 해서 내밀었다.

"이 바보 같은 녀석! 도대체 나머지 술은 어디에 있어?"

야단맞은 하인은 이상하다는 듯이 병을 다시 거꾸로 해보았다.

중간보고

해름 출신의 하인에게 주인은 아침 6시에 깨우라고 일렀다. 한데 새벽 3시가 되자 하인이 깨웠다.

"주인님, 앞으로 2시간 밖에 남지 않았습니다."

불가사의

　어머니가 아들에게 성냥을 사오라고 했다. 한데 사온 성냥은 한 개비도 불이 일어나지 않았다. 그걸 본 아들이 고개를 갸우뚱하며 말했다.

　"그것 참 이상한데, 여기까지도 다 불이 붙었었는데?"

어리석은 자

　『신은 어리석은 자를 지켜 주신다.』고 탈무드에 쓰여 있는 것을 본 해름의 한 남자는 생각했다.

　'잠깐, 나는 가끔 바보천치라는 소리를 듣고 있지. 그렇다면,'

　그는 창문 밖으로 뛰어 내렸다. 그 남자는 다리를 부러뜨리고 나서야 어이쿠 소리를 지르며 깨달았다.

　'역시 나는 바보였어. 하지만 이렇게 머리가 좋은 줄은 이제 처음 알았어!'

예비행위

한번은 기차 안에서 군인과 유태인이 서로 마주앉아 있었다.

유태인이 주머니에서 시가 케이스를 꺼내어 거만하게 한 개를 뽑아 입에 물고는 도로 시가 케이스를 주머니에 넣었다.

그 다음에 성냥을 꺼내어 불을 붙이려고 하자 군인이 재빨리 일어나 유태인이 물고 있는 시가를 빼앗아 창밖으로 던졌다.

유태인이 버럭 화를 내며 따지고 물었다.

"대체 무슨 짓을 하는 거요?"

"여기서는 금연이라는 걸 모르시오?"

"나는 아직 불을 붙이지 않았지 않소!"

"예비행위도 안 된단 말씀이오?"

유태인은 대답 할 말을 잊고 두 사람 모두 입을 다문 채 여행을 계속했다.

얼마 후 군인이 신문을 꺼내어 펼치자 이번에는 유태인이 그것을 가로채서 창밖으로 던져 버렸다.

군인이 발끈 화를 냈다.

"여봐, 장교에게 무례한 짓을 하다니, 용서하지 않겠소!"

그러자 유태인은 조금도 당황하는 기색 없이,

"여기서 배설행위는 금지되어 있습니다." 라고 말했다.

"내가 언제 배설행위를 했단 말이오?"

"예비행위도 안 된다 그거요."

기념행사

회사 창립 50주년 기념을 위해 사장인 레비씨가 총무부장을 불러서 말했다.

"이번 50주년 기념에 성대한 행사를 했으면 하는데, 사람의 시선도 끌고 사원을 기쁘게 하고, 그러면서도 돈이 들지 않는 행사가 없을까?"

"사장님, 좋은 생각이 있습니다. 사장님이 한번 목을 매어 보시지 않겠습니까? 남의 시선도 끌고, 사원들도 기뻐할 것이고, 게다가 돈도 한 푼 들지 않을 테니까요."

사망률

"자네는 백만장자가 되는 것과 티푸스 환자가 되는 것 중 어느 쪽을 택하겠는가?"

"그건 물론 백만장자 쪽을 택하지."

"다시 한 번 잘 생각해 보게. 백만장자는 반드시 죽지만 티푸스 환자의 사망률은 13%밖에 되지 않으니까 말이야."

변한 일

병으로 산장에서 요양하고 있는 사나이에게 친구가 찾아왔다.
"고향에 무언가 변한 일이라도 있나?"
요양중인 친구가 물었다.
"여전해. 별 뾰족한 수도 없고 해서 지루할 뿐이야."
"그렇다고 아무 일도 일어나지 않을 수 없지 않은가?"
"글쎄, 전번에 개가 짖은 일이 있었지."
"왜 짖었지?"
"그건 뻔하지. 꼬리를 밟히면 어느 개나 짖게 마련이지."
"어떻게 해서 꼬리를 밟혔는가?"
"사람이 많이 모이면 개꼬리 따위에 신경 쓸 사람은 없지 않은가?"
"사람이 많이 모인 까닭이 있을 것 아닌가?"
"그건 그래. 자네 부인이 창문 밖으로 뛰어내리거나 하면 모이게 마련이지."
"내 아내가 창문 밖으로 뛰어 내리다니, 그게 정말인가?"
"경찰관이 잡으러 왔으니 당연한 일이지."

"경찰관이 우리 집에 왜 왔단 말인가?"

"그야 경찰관이 오는 게 당연하지. 자네 부친이 수표 부도를 냈으니까."

"그 영감 또 부도를 냈군! 부도를 하도 자주 내서 새로운 일도 아니지만 말이야."

"그러니까 아까 내가 변한 게 없다고 하지 않던가?"

고생

사이몬이란 유태인이 밀도살 혐의로 기소되어 있었다. 가족들은 그가 감옥에 가지 않고 어떻게 해서든 벌금만 무는 일로 해결하도록 배심원만 유태인에게 3천 마르크의 뇌물을 주었다.

그 결과 사건은 벌금형으로 끝나게 되었다. 한데 유태인 배심원 중 한 사람이 사로몬의 집으로 찾아와서,

"자칫했다간 큰일 날 뻔 했습니다. 벌금형으로 하느라고 얼마나 혼났는지 모릅니다."라고 말했다.

"수고하셨어요. 다른 배심원들은 모두 처형을 주장했겠지요."

"뭐라구요? 그게 아닙니다. 모두가 무죄라고 하면서 들으

려 하지 않더군요."

계기

도박판에서 한 사람이 심장마비로 죽었다.

친구 하나가 죽은 동료의 부인에게 사실을 알리러 가게 되었는데 어떻게 전해야 할지 난감한 일이었다. 하여간 그의 집에 도착하여 초인종을 누르자 부인이 나왔다.

"안녕하십니까, 아주머니? 부군께서 자주 가시던 카페에서 왔습니다만......."

"맙소사~ 또 그 노름을 하고 있나요?"

"사실은 그렇습니다."

"보나마나 빈털터리가 되었겠죠?"

"네, 그렇더군요!"

"아이구 지긋지긋해! 차라리 죽어 없어졌으면 좋겠어요."

"사실은, 하나님께서 그 뜻을 미리 아시고 하늘나라로 데려 가셨습니다."

결점

"내 사위는 나무랄 데 없는 사람이지만, 카드놀이를 못하는 것이 옥 의 티야."

"그건 별로 결점이라고 할 수도 없는 것 아닙니까?"

"그렇지 않습니다. 잘 하지도 못하면서 즐기니까 탈이지."

패자의 계산

노름을 하고 돌아온 남편에게 아내가 날카로운 소리로 퍼부었다.

"도대체 당신은 어떻게 된 사람이에요? 옷이며 시계도 노름으로 몽땅 날려 보냈군요."

남편이 불만스런 얼굴로 투덜댔다.

"그런 소리 말라구. 이래 봐도 상당히 득을 보았으니까. 시계와 윗도리를 합쳐 보았자 80루불 밖에 되지 않지만 내가 진 돈은 전부 2백루불 이나 되니 120루불은 번 셈이야. 역시 여자란 어리석어."

역사의 무게

그리스도교의 내과의사가 유태 여자를 진찰했다.

"자각증상은 언제부터 나타났습니까?"

"티샤베아브(8월의 단식 날) 무렵부터였어요."

"티샤베아브란 무슨 뜻이죠?"

"지금으로부터 2천년 전에 예루살렘의 성전이 파괴된 날이지요."

"아, 그와 같은 만성질환을 나는 치료할 수가 없습니다."

특효약

천식으로 고생하고 있는 어느 환자가 유태인 의사로부터 처방전을 받았다. 그 처방전이 실은 설사약임을 그 환자는 알지 못했다.

며칠이 지나서 그 의사를 찾아온 사나이가,

"정말 감사합니다. 마음 놓고 기침을 할 수 없어서 어느 틈에 증상이 멎고 말았습니다."

묘약

"저는 요즘 왠지 귀가 멀어져서 제 자신의 방귀소리 조차 들리지 않습니다."

"그러면, 이 약을 하루에 두 알씩 세 번 복용하십시오."

"그러면 귀가 잘 들릴까요?"

"아니지요. 잘 들리지 않지만, 방귀소리가 분명히 크게 날 것은 보증합니다."

집단검진

한 사나이가 마을 의사의 진찰을 받고 오줌을 받아오라는 명령을 받았다.

큰 병에 가득채운 오줌을 본 의사는,

"이렇게 많은 오줌은 필요 없습니다. 하지만 적은 것 보다는 낫습니다."

하고 놀리는 듯이 말하고, 검사를 해 본 결과 아무런 이상이 없음을 나타냈다.

그 사나이는 가까운 우체국에 가서 가족에게 전보를 쳤다.

〈모두가 건강함. 안심해라.〉

근심

중병에 걸려 있는 돈 많은 백부를 둘러싸고 조카들이 근심스럽게 귓속말을 주고 받았다.

조카 중의 한 사람이 의사에게 증세를 물은 뒤 돌아가서 말했다.

"다리에 부종이 생기지 않으면 거의 절망상태라더군요."

보건소의 가치

이스라엘에는 세계 각지에서 유태인 이민이 몰려들고 있지만 아시아계의 이민들은 모국에서 사회복지나 공중위생 같은 제도에 익숙하지 못해서 이주한 후에 여러 가지 충돌이 끊이지 않았다.

한 예로, 예멘으로부터 이민 온 유태인 남자들은, 보건소의 설비가 거의 공짜나 다름없이 이용할 수 있다는 것이 재미있어 매일 같이 보건소에 찾아와서는 비치한 기구를 거칠게 다루어서 파손시키므로 골치를 앓고 있었다.

한데 어느 날의 일이다. 그날은 얼굴을 보이지 않음으로 다음날 찾아온 그 사나이에게 보건소 직원이 이유를 물었다.

"어제 실은 몸이 좀 불편해서요." 라고 대꾸했다.

상대여하

자신이 쥐라는 망상에 빠진 어느 남자가 정신병원에 입원했다가 퇴원하게 되었다.

한데 병원 입구에 주저앉아 나오려고 하지 않았다. 의사가 이상하게 생각하고 그 이유를 물었다.

"실은 저기 고양이가 있어서 그럽니다."

"하지만 당신은 이제 쥐가 아니라는 것을 알고 있지 않소?"

"하지만 고양이 쪽에선 그 사실을 모르고 있지 않을 것입니다."

대중의 소리

"랍비님, 유태인은 의사가 없는 마을에 살아서는 안 된다고 탈무드에 쓰여 있는데, 이 마을에는 돌팔이 의사만 한 사람 살고 있을 뿐입니다. 그래도 괜찮을까요?"

"그런 걱정은 하지 않아도 되네. 이 마을 사람들은 그 녀석이 진짜 의사라고 생각하고 있거든. 그러니까 이 마을에 살아도 괜찮다는 말이네."

"말씀을 듣고 보니 그렇군요. 하지만 그 녀석은 살아도 돼. 마을 사람들이 그렇게 생각하고 있다면 그 녀석도 대중의 소리에 귀를 기울여야 하니까."

횟수

한 마을에 콜레라가 만연했다.

호텔에 묵고 있는 봄베르크의 방을 한밤중에 노크하는 사람이 있었다. 문을 열어보니 두 사나이가 환자 운반용 들것을 들고 서 있었다.

"봄베르크씨지요? 호텔 주인이 불러서 왔는데 아무래도 선생은 콜레라에 감염된 것 같습니다. 오늘 하루에 12번이나 화장실에 가셨다고 했으니까요."

"그건 사실이오. 하지만 11번은 다른 사람이 이미 들어가 있었지요."

바보의 정의

헤브라이어의 『말(馬)이란』 바보 멍텅구리라는 말과 같은 뜻이다.

한데 어떤 설교사가 다음과 같이 설교하고 있었다.

"작은 소리로 속삭이기만 해도 마차를 끌어내는 말이 있습니다. 그런 류의 말을 명마라고 합니다. 또 한 두 번 엉덩이를 두들겨 주지 않으면 마차를 끌지 않는 말이 있습니다. 그런 말은 좋은 말 이라고 할 수 있습니다. 그런데 호령을 하건 엉덩이를 두들기건 움직이려 들지 않는 말이 있습니다. 그런 것은 말이라고 할 수 없습니다."

"한데, 여러분에 대해서도 같은 말을 할 수 있습니다. 그 예로, 작은 소리로 속삭여도 번쩍 눈을 뜨고 아침 기도를 드리기 시작하는 사람들이 있을 것입니다. 그런 사람들은 명마 『완전한 바보』라는 뜻이 된다. 에 비길 수 있습니다.

반면에 누가 두세 번 깨워 주지 않으면 기도소에 가서 아침 기도를 하려고 하지 않는 사람들도 있습니다. 그러나 그 정도라면 좋은 말이라고 할 수 있습니다. 그러나 아무리 말해도 기도소에 가지 않으려는 사람이 있습니다. 그런 사람들은 말이라고도 할 수 없습니다."

개명

이스라엘에는 이민 와서 이름을 바꾼 사람들이 많다.

모로코에서 온 어느 일자무식인 유태인은 사인 대신에 지장을 찍고 있었는데, 한번은 가운데 손가락으로 지장을 찍게 되었다.

그것을 본 어떤 사람이 이상해서 그 이유를 물었다.

"실은 나도 이름을 바꾸었거든."

명답

항해 중인 기선 속에서 코엔이 조슈아에게 물었다.

"여보게, 이 배의 길이는 130미터, 폭은 50미터가 돼. 그렇다면 선장의 나이는 얼마나 된다고 생각하는가?"

"한 시간쯤 생각 할 여유를 주십시오."

이윽고 조슈아가 말했다.

"선장은 50세 일 거예요."

"그걸 어떻게 알아냈나?"

"선장에게 물어봤거든요."

우편요금

양케르가 우체국에 가서 우표를 붙인 편지를 들이밀자 우체국 직원이 말했다.

"여보세요, 이 편지는 너무 무거우니까 우표를 한 장 더 붙여야겠습니다."

"뭐라구요? 그러면 더 가벼워진단 말인가요?"

전보문

남편은, 기쁨의 흥분으로 장인 장모에게 전보를 쳤다.

『레베카가 자랑스럽게도 아들을 낳았음』

장인이 사위에게 물었다.

"무엇하러 돈을 써가면서 전보 같은 걸 쳤는가? 자네는 레베카라고 했는데, 그 애가 아니면 누가 아이를 낳는단 말인가? 아내가 아이를 낳았다고 해서 전보 같은 걸 치다니 말도 되지 않는 일이야. 게다가 자랑스럽게도 라고 했는데, 기쁘고 자랑스럽지 않을 리가 없지 않은가. 또 낳았다니, 그게 뭔가. 황새가 아이를 데리고 오는 것으로 알고 있었는가. 또 사내아이가 뭔가. 여자아이라면 기쁠 리가 없지 않은가. 자네가 친

전보를 보면 사내아이라는 걸 모를 리 없지 않은가."

캐비어 샌드위치

뉴욕에서 사는 파인베르크 일가가 부자가 되어 고급 주택지로 이사를 했다. 파인베르크 부인은 대단한 사교가여서 파티 때 내놓는 캐비어 샌드위치는 아주 소문난 요리였다.

어느 일요일 밤, 전과 다름없이 파인베르크 집안에서 파티가 열리도록 되어 있었는데, 그날 아침에 집사가 부인에게 귀띔을 해 주었다. 사 둔 캐비어가 적어서 오늘 밤 파티에 부족할 지도 모르겠다고, 더구나 일요일에는 상점이 모두 문을 닫으므로 구 할 방도가 없다는 것이었다.

그 말을 들은 부인은 잠시 생각하고는 집사에게 말했다.

"주인의 수렵실에 가서 산탄상자를 한 타쯤 가지고 오세요. 산탄을 뽑아 캐비어에 섞으면 손님들이 잘 모를 테니까요."

집사는 시킨 대로 캐비어 샌드위치를 만들었는데 전과 똑같아서 손님들도 좋아했다.

파티가 끝나고 손님이 돌아갈 시간이 되었는데, 어느 부인이 파인베르크 부인을 향해 겸손하게 말했다.

"대단히 죄송합니다만, 조금 전에 화장실에 갔을 때, 스타

킹을 고쳐 신으려고 허리를 굽혔어요. 한데, 내가 한 일이 하도 부끄러운 일이라서, 사실은 방귀를 뀌었거든요."

"방귀야 누구에게나 있는 일인데요 뭘."

"그건 그렇지만, 저 그때 그만 댁의 고양이를 쏘아 죽이고 말았습니다."

밀크

어느 유태인 두 사람이 카페에서 마주 앉아 있었다. 한데 한 사람은 장님이었다.

눈이 보이는 사람이 장님에게 물었다.

"밀크라도 마실까?"

"밀크라니, 어떻게 생긴 건데?"

"하얀 액체지."

"희다니 어떻게 흰 걸까?"

"당신, 백조는 알고 있겠지?"

"백조란, 목이 길고 굽어져 있는 새지."

"흠, 굽어져 있다니 굽었다는 게 어떤 거죠?"

"그럼 내가 팔을 굽어 볼 테니 한 번 만져보시오."

그러자 장님이 눈 뜬 사람의 팔을 만져보다가 말했다.

"아아, 밀크라는 걸 알았어."

이론보다는 증거

한 사나이가 랍비에게 물었다.

"비는 어떻게 해서 오는 겁니까?"

"구름은 말하자면 큰 해변 같은 거지. 바람을 만나면 구름이 짜져서 비가 생기는 셈이지."

"그러면 그 증거가 있습니까?"

"증거? 지금 비가 내리고 있지 않은가?"

견해차이

코온과 카페에서 마주앉은 아베레스가 한숨을 내쉬었다.

"아베레스 씨, 왜 그렇게 침울한 표정을 짓고 있습니까?"

"생각해 보니, 세상이 싫어져서 그럽니다.

그 한 예로 당신이 지금 이렇게 내 앞에 앉아 있지만, 몇 년만 지나면 세상을 떠날 지도 모를 일이 아니오. 그러면 무덤속에 파묻힐 것이고, 당신의 시체에서는 풀이 자라고, 그러면 소가 와서 그 풀을 먹을 것이오. 풀은 소의 몸 속에서 분해되어 배설됩니다.

그것을 내가 지나치다가 당신을 향해 말을 걸게 아니겠소. 코온씨 당신도 많이 변했군요. 라고 말입니다."

그의 말에 코온 씨는 한숨을 쉬면서 생각에 잠겨 있다가 아베레스에게 말했다.

"아베레스 씨, 모든 건 생각하기 나름입니다. 만일 내가 당신을 그런 상태로 본다면 결코 슬퍼하지 않고 쾌활하게 말할 것입니다. 아베레스 씨, 살아 있을 때와 조금도 변하지 않았군요. 라고요."

지구의 반대쪽

"미국에서 사는 내 사촌은 바지걸이를 만들고 있는데, 그게 이상하지 않습니까? 바지걸이는 바지가 떨어지지 않게 하는 것이겠지요? 한데, 지구 반대쪽인 미국에서는 머리가 아래를 향해 있으므로 바지가 떨어질 리가 없지 않습니까?"

"별로 이상한 일이 아니지. 여기서는 바지가 떨어지겠지만, 미국에서는 바지에서 다리가 빠져 나오는 것을 방지하지 않으면 안 될 테니까요."

웃음의 씨앗

행상을 하는 두 유태인이 기차 속에서 농담을 하고 있었는데, 곧 밑천이 바닥나고 말아서 이야기하는 것도 재미가 없어져 버렸다. 해서 그들은 자기가 알고 있는 유머를 번호 붙여서 서로 번호만 대기로 했다. 가끔 생각난 듯이 한쪽이 번호를 대면 상대방은 웃거나 웃지 않거나 한다.

그때 새로 탄 승객이 이상하게 여기고,

"과연 좋은 생각입니다. 한데, 20번이 되는 때에 두 사람 다 재미있다는 듯이 웃고 있었는데, 도대체 어떤 이야기였습니까?" 라고 물었다.

"아 예, 그것은 우리 둘 다 처음 들어보는 우스개였습니다."

이물질

기차 안에서 유태인이 유태인의 유머를 계속해서 이야기하고 있었다.

그는 어떤 유머이건 "코온 씨가 말이죠......" 라고 시작했다.

승객 한사람이 못마땅하다는 듯이 말했다.

"여보세요, 코온 씨에 관한 이야기 말고는 없습니까?"

그러자 그 유태인은,

"코온 씨의 부인이 아이를 낳았는데……."

하고 나서 이어 이야기하기 시작했다.

"그것 역시 코온 씨의 이야기가 아닙니까?"

"아니요. 코온 씨의 이야기가 아니라는 이야기를 하고 있는 겁니다."

착각

항해중인 객선에서 승객 한 사람이 전염병으로 죽었다. 승객들이 소동을 피울 걸 염려해서 선장은 힘이 센 선원 둘을 불러 320호실의 시체를 바다에 던져 버리라고 명령했다.

한데 이튿날 선장이 320호 실을 들여다보았을 때 시체가 그대로 있었다. 놀란 선장은 선원을 불러 물어보니 230호실로 착각했었다고 말했다.

예의 선원들은,

"230호실에서 수염투성이의 늙은 유태인이 있었습니다. 그 사람은, "나는 아직도 살아있는 사람이오." 라고 소리치더군요. 그렇지만 유태인이 하는 말을 믿어서는 안 된다고 알고 있었으니까, 그냥 강제로 자루에 넣어 바다에 던져 버리고 말았습니다." 라고 설명했다.

분실물

한 농부가 도시로 물건을 사러 갔다.

유태인들이 경영하는 상점 몇 집과 협동조합 상점을 돌면서
여러 가지 물건을 사 가지고 집으로 돌아왔다.

그 농부는 집에 와서 가족들에게 거리의 모습을 들려주었다.

"유태인들이란 모두가 도둑놈인데다 거짓말쟁이 들 뿐이
야. 오늘 쇼핑을 끝내고 우산을 어디다 두었는지 생각이 안 나
더군. 그래서 할 수 없이 마지막으로 협동조합에 가보았더니
발도 들여놓기 전에, "손님, 우산을 놓고 가셨죠?" 하고 말하
지 않겠어. 그런 친구들이야말로 정직한 사람이 아니겠어."

가치관

서커스의 단원 소개소에서 유태인 동물 조련사가 재주를
보이고 있었다.

개의 머리 위에 앵무새를 앉게 하자, 앵무새가 유명한 시의

한 구절을 낭송했다. 그것을 본 소개소의 사나이가,

"하루 밤에 백 길더라도 좋다면 일자리를 소개해 주겠소."
라고 말했다.

그러자, 유태인이 송구스럽다는 듯이 대답했다.

"아닙니다. 하루에 50길더라면 만족합니다."

"그렇지만 그렇게 훌륭한 재주를 가지고도 반값만 받겠다
니 당신은 너무 돈에 욕심이 없군요."

"천만에요. 사실은 앵무새가 말을 하는 것이 아니라, 개의
복화술이지요."

효과

길 한가운데서 유태인 두 사람이 말다툼을 하고 있었다.

한 사람이 상대방에게 악담을 퍼붓기 시작했다.

"네 누이는 갈보가 아닌가?"

한데, 상대방 사나이는 입을 다물고 대꾸를 하려 하지 않았
다. 그걸 보기에 딱했던지 옆에서 구경꾼이 말했다.

"당신 누이의 악담을 하는데도 가만히 있는 것입니까?"

그러자 그 사나이는,

"천만의 말씀, 나에게는 누이가 없으니까요." 라고 말했다.

그 구경꾼이 악담을 한 사나이에게 말했다.

"여보시오, 이 사람에겐 누이동생이 없다는데요?"

"있건 없건 그건 아무래도 상관없다구. 그런 것은 저 사람도 알고 있고, 또 당신도 알고 있고, 나도 그것을 알고 있지만, 그걸 모르는 사람들이 듣고 있느냐 말야."

천당과 지옥

천당 1

　유태인을 가톨릭 신부가 놀려대고 있었다.

　"내가 재미있는 이야기를 들려주겠소. 한 유태인이 천당으로 몰래 숨어 들어갔소. 문지기인 페투르스가 나가 달라고 했으나 유태인은 페투르스가 한 가지 꾀를 생각해 내어 천당의 울타리 밖에서 경매를 알리는 북을 쳤더니 유태인이 허겁지겁 나가더라고 하더군."

　그 말을 듣고 있던 유태인이 미소를 지으며 대꾸했다.

　"그 이야기는 계속 있습니다. 좌우지간 유태인이 들어가 천당이 더럽혀졌으므로 천당을 깨끗이 해야 하는 식을 올리려고 신부님을 찾았던 모양이지요. 그러나 천당에는 신부가 단 한명도 없었다고 하더군요."

천당 2

기차 안에서 유태교의 랍비와 그리스도교의 목사가 대화를 나누고 있었다. 먼저 목사가 엄숙한 표정으로 말했다.

"어제 밤에 유태의 천당이란 것을 꿈속에서 보았는데, 어쩐지 지저분해서 마음에 들지 않고, 더구나 유태인들만 많이 우굴 거리고 있지를 않았겠소."

그러자 랍비가 대꾸했다.

"나도 실은 어제 밤에 그리스도교의 천당을 꿈속에서 보았는데 아주 훌륭한 곳이어서 꽃이 만발해 있고 온통 꽃향기로 가득 차 있었지 뭡니까. 그런데 아무리 눈을 크게 뜨고 보아도 사람은 찾아볼 수 없었어요."

관광

국제 수지가 나쁜 이스라엘에서는 관광수입을 매우 중요시하고 있다.

한 유태인이 죽자, 그는 천당과 지옥 중 어느 쪽이 좋은가하고 잠깐 천당을 들여다보았다. 그러나 천당은, 사원과 마찬가지로 질서정연하고 엄숙해서 별로 재미있을 것 같지가 않았다. 그러면 지옥은 어떤가 하고 뒤이어 엿보니, 몹시 화려하고 재미있을 것 같았다.

그래서 유태인은 결국 지옥에 가서 살기로 하고 지옥에 들어가는 허가를 받았다. 그런데 이마에 뿔이 돋은 악마가 와서 그를 산적처럼 꼬챙이로 꿰려고 했다. 깜짝 놀란 유태인이 이야기가 다르지 않느냐고 항의하자 악마가,

"당신이 전번에 왔을 땐 관광비자로 왔던 것이 아니오?"
라고 말했다.

약속의 땅

그리스도교 관광객이 예루살렘을 방문하여 유태사원의 예배의식을 구경한 후에 유태인에게 물었다.

"아주 엄숙해서 좋았지만, 기도드릴 때 모세의 이름이 나올 때마다 신도들이 무엇인가를 투덜대는 것은 무슨 이유인지요? 모세는 유태인의 지도자요 예언자로 존경받고 있을 텐데 말예요."

그러자, 유태인이 불만스런 얼굴로 대답했다.

"무슨 소리, 그 모세란 사람의 인기는 최근에 땅에 떨어졌는데, 그 사람이 안내해 준 덕분에 우리들 유태인이 오렌지가

싼 땅에 도착하긴 했지만, 사실은 석유가 나오는 땅이 더 좋았을 텐데 말입니다."

진심

전염병에 걸려 입원한 이티크에게 의사가 회복불능이라는 선고를 내렸다. 마지막 기도를 드리기 위해 누구를 불러 줄까 하는 말을 들은 이티크는 가톨릭 신부를 불러 달라고 청했다.

"당신은 유태인이 아니오?"

하고 사람들이 묻자, 이티크는 숨을 몰아쉬며,

"유태의 랍비님을 이런 전염병 환자가 우굴거리는 곳으로 말입니까?" 라고 반문했다.

해석

군 주둔 지역에 새로이 매춘부들의 위안소가 한 채 생겼다.

그런데 공교롭게도 그 집은 가톨릭 수도원 건너편에 자리 잡게 되었다.

수녀라고는 하지만 그녀들도 여자로써의 강한 호기심을 가지고 있는 것만은 어쩔 수 없었는지, 건너편 집의 표정을 수도원의 문틈으로 엿보는 것을 낙으로 삼고 있었다.

한 번은 그리스도교의 목사가 주위의 동정을 살펴가면서 위안소로 들어가는 것을 본 수녀들은,

"저럴 수가 있나. 겉으로는 프로테스탄트란 말을 번지르르하게 하고 뒷구멍으론 저 꼴이란 말인가." 격분하여 말했다.

그로부터 며칠 후 이번에는 유태교의 랍비가 그 위안소로 들어가는 것을 발견했다.

"유태인은 그리스도를 십자가에 못 박히게 한 잔인한 사람들이니 랍비라고 별 수 있을라고."

또 며칠 후 이번에는 가톨릭의 신부가 그 위안소로 들어가는 것이었다.

그것을 본 수녀들은 입을 모아 말했다.

"아마, 저 집에서 매춘부가 죽은 모양이군."

태양

아이작이 물었다.

"지구가 태양의 둘레를 돌고 있다고 책에 쓰여 있는데, 어차피 태양이 움직이지 않는다면, 여호수아께서 태양을 멈추

게 했다는 것은 새빨간 거짓말이군요?"

그러자,

"여호수아께서 계실 때에는 태양이 움직이고 있었지. 그런데 여호수아께서 멈추게 하셨으니까 이젠 움직이지 않는 거야."

라고 랍비가 대답했다.

명분

미국의 어느 시골에 있는 교회가 낡아서 수리하게 되었다.

그 비용을 염출해내기 위해 모금운동을 하는 부인들이 유태인이 경영하는 상점으로 찾아왔다.

상점주인인 힐시먼은 복잡한 일이 생겼다고 머리를 긁적거렸다. 그 부인들이 모두 자기 상점의 단골손님이었으나, 그리스도교의 교회를 수리하는 기금을 유태인으로써 헌납할 수는 없는 노릇이었다.

심사숙고 끝에 하나의 아이디어가 떠올랐다.

"그러니까, 수리하기 전에 낡은 부분을 헐어야겠죠?"

라고 상점 주인이 말했다.

"물론이죠."

"그렇다면, 거기에도 비용이 들겠죠?"

"그럼은요. 그 비용만도 3백 달러나 든다고 하더군요."

"그래요? 그러면 그 3백 달러를 부담하겠어요."

건망증

랍비가 창문으로 들여다보고 있는 것을 모르고 안식일 아침에 세 명의 신학생이 담배를 피우고 있었다. 그들은 랍비의 꾸중을 듣고 잘못을 빌었다.

첫 번째 학생이,

"선생님, 면목이 없습니다. 오늘이 안식일이라는 것을 그만 깜박 잊고 있었습니다." 라고

두 번째 학생은,

"잘못했습니다. 안식일에는 금연이라는 사실을 잠시 잊고……."

세 번째 학생도,

"선생님, 죄송합니다. 커튼 내리는 것을 깜박 잊어서……." 라고.

트림

신학교 학생이 선생님의 집에서 하숙하게 되었다.

첫날에, 계율이 정한 대로 학생은 식사를 하기 전에 손을 씻고 기도했다. 그런데 식사로 나온 것은 완두콩 뿐 이었다.

둘째 날도 역시 먹을 것 이라고는 완두콩 뿐 이었고, 그 다음날도 또 그다음날도 마찬가지로 완두콩 뿐 이었다. 그래서 학생은 손도 씻지 않고 기도도 드리지 않고서 식탁에 앉았다.

이상하게 여긴 선생님이 학생에게 물었다.

"너는 랍비가 되려고 공부하고 있겠지? 한데 어째서 오늘은 기도를 드리지 않느냐?"

"선생님, 성서에도 있는 것처럼 땅에서 나고 나무에 열리는 것에는 기도를 드리고 있습니다만, 목구멍에서 나오는 것에도 기도를 드릴 필요가 없을 것 같아서요."

두목

제정 러시아 시대에 사형 당하기 직전의 유태인을 랍비가 찾아가서,

"마지막 하나님의 말씀을 당신에게 전하러 왔습니다." 라

고 말했다.

　그러자, 유태인은 콧방귀를 '흥' 하고 뀌었다.

　"당신의 신세를 지고 싶지 않습니다. 어차피 반시간쯤 지나면 당신의 두목을 만날 수 있을테니 말이요."

신과의 대화

　"랍비님은, 하나님과 매일 저녁 대화를 나누는 훌륭한 분이야. 잘못 보았다간 벌 받을 거야."

　"랍비님이 하나님과 대화를 나눈다는 걸 자네가 어떻게 알아?"

　"랍비님이 그렇게 말씀하셨으니까 알지."

　"그렇다면, 랍비가 거짓말을 했군."

　"천벌 받을 소리 함부로 하는 게 아냐. 하나님이 거짓말하는 사람과 말씀을 나누실 리가 있어?"

사신의 수법

　어느 사나이가 랍비를 찾아와서,

"랍비님, 큰일 났습니다. 제 아내가 죽을 것 같습니다."
라고 말했다.

랍비는 잠시 기도를 한 후,

"걱정하지 않으셔도 됩니다. 사신으로부터 칼을 빼앗았으니 이젠 안심해도 좋습니다." 라고 위로했다.

사나이는 매우 기뻐하고 몇 번이나 감사하다는 말을 하고 집으로 돌아갔다. 그런데 얼마 후 그 사나이가 되돌아와서 말했다.

"제 아내는 죽었습니다. 랍비님에게 열심히 기도를 부탁드렸는데도 효과가 없었나 봅니다."

그러자 랍비는 흥분한 어조로 말하는 것이었다.

"그 못된 사신 녀석 같으니. 칼을 빼앗았더니 맨손으로 목을 졸랐군." 하고 말했다.

거짓말

성선설을 주장해 온 랍비가 있었다. 아무리 죄가 많은 사람이라도 그 사람 나름대로의 어쩔 수 없는 까닭이 있다고 하면서 너그럽게 봐줌으로써 평판이 매우 좋았다.

한데 한번은, 안식일임에도 불구하고 담배를 물고 걸어가는 유태인과 그 랍비가 마주쳤다. 맡은 바 책임에 있어서 랍비는 그에게 주의를 주지 않을 수 없었다.

"당신은 오늘이 안식일이라는 것을 잊었소?"

"아닙니다. 랍비님. 안식일이라는 것을 잊지 않았습니다."

"그렇다면 안식일에는 금연 이라는 것을 모르오?"

"그렇다면 의사 선생님이 권해서 담배를 피우고 있는 모양이군요."

"그렇지 않습니다. 피우고 싶어서 피우는 것입니다."

"오, 하나님 이스라엘 백성들은 이처럼 경건합니다. 안식의 규칙을 어기면서까지 담배를 피우는 이런 사나이까지도 성서의 가르침을 지켜서 거짓말은 하고 있지 않습니다."

일반통행

어느 사나이가 랍비를 찾아와서 물었다.

"랍비님, 죽은 사람과 정말 대화가 가능할까요?"

"가능 하고말고, 다만 죽은 사람이 대답을 할 수 없을 뿐이지."

라고 랍비가 말했다.

자랑 이야기

어느 두 사나이가 랍비에게 서로의 자랑을 늘어놓고 있었다.

"우리 마을을 맡고 있는 랍비의 기적은 정말 놀랄 만 하다구.

전번에 지붕이 없는 마차로 들판을 달리고 있는데 갑자기 비를 만났지. 마차에 타고 있던 사람들이 소란을 피우기 시작하자, 랍비님이 손바닥을 펼치시더군. 그랬더니 마차의 양쪽은 진창인데도 마차가 달려 나가는 한 가운데만은 보송보송하게 말라 있더군."

"뭐 그 정도를 가지고 감탄을 하는가. 우리네 랍비는 진짜 신통력을 지녔다구. 금요일 오후 기차로 여행을 떠나려는데 폭설 때문에 시간이 늦었지 뭐야. 겨우 달리기 시작하자마자 해가 저물기 시작하더군. (금요일 저녁부터 토요일 저녁까지의 안식일에는 유태교에서는 여행을 금하고 있다).

유태인 승객들이 야단법석을 하자, 랍비님이 손바닥을 펼치시더군. 그랬더니 기차의 양쪽은 안식일인데, 그 가운데를 달리고 있는 기차만이 아니더군."

랍비와 기적

"저 랍비는 정말 기적을 낳는 분이야."

"난 그걸 믿을 수 없어."

"내 말을 좀 들어 봐. 얼마 전에 뇌막염을 앓고 있는 사나이가 랍비를 찾아갔었는데 멀쩡한 사람이 돼서 돌아왔다구."

그렇다면 정말 기적이라고 할 수 있겠군. 대개 랍비를 만나러 가는 녀석은 바보이고, 랍비에게서 돌아온다는 것은 정상적이란 증거니까."

사후의 세계

한 설교사가 의기양양하게 이야기하고 있었다.

"옛날에, 아주 죄 많은 사나이가 있었습니다. 그 사나이가 죽자 땅에 묻으려고 했으나, 대지는 그를 완강하게 받아들이지 않았습니다. 해서 화장을 시키려고 했지만 불 또한 말을 듣지 않았습니다. 할 수 없이 시체를 싼 가마니를 들개에게 던져 주었는데 개들조차도 거들떠보려 하지 않았습니다.

여러분, 여러분께서는 그러한 나쁜 업을 받지 않도록 하나님의 가르침을 따라 독실한 믿음을 가지고 살아가지 않으면 안 되는 것입니다. 그러면 반드시 땅속에 눕고, 화장이 되고, 들개에게도 먹히우게 될 것이 틀림없습니다."

책임

어느 이름 높은 설교사가 안식일에 설교하러 갔는데, 마침 자신의 이름을 도용한 엉터리 설교사가 설교하고 있는 것을 보았다.

그래서 몰래 군중 속에 끼어들어 설교를 들어보니 진짜 설교사의 이야기를 많이 들었는지 아주 그럴듯한 설교를 하고 있었다.

한데 끝날 무렵에 이르자 자기 생각까지 섞어서 갈피를 잡을 수가 없는 설교가 되고 말았다.

더 이상 참고 들을 수 가 없었던 진짜 설교사는 연단으로 뛰어 올라가 군중을 향해 말했다.

"여러분, 사실은 이 사나이는 제 이름을 사칭한 가짜입니다. 하지만 제가 어째서 지금까지 이 사나이의 정체를 폭로하지 않았을까 하고 여러분은 이상하게 여기실 것입니다.

그래서 다음 이야기를 들려 드리려고 합니다."

한 가난한 사나이가 어느 부자 집 결혼식에 초대받았습니다. 그는 너무나 배가 고파 음식을 닥치는 대로 먹은 나머지 속이 불편해졌습니다. 그래서 주인은 친절하게 그 사나이를 화장실로 안내해 주었더니 그 사나이는 조금 전에 먹은 것들을 차례대로 토해 버리고 말았습니다. 그리고 그 사나이가 흑빵과 무를 토해내자, 주인은 갑자기 냉담해져서 사나이를 그 자리에 놓아 둔 채 가 버렸습니다. 지금 토해낸 것은 우리 집 음식이 아니기 때문에 책임을 질 필요가 없다는 것이 주인의 설명이었습니다.

여러분 아셨습니까? 이 사나이는 제 이야기를 흉내 내고 있는 한 저는 불만이 없습니다. 그렇지만 이 사나이 자신이 만들어낸 이야기에 제가 책임을 질 필요는 없지 않겠습니까?"

숙명

옛날, 그리스도교로 개종하면, 교회에서 약간의 돈을 지급해 주던 시대가 있었다.

한데, 거주지를 자주 바꾸어 그때마다 그리스도교로 개종하여 돈을 벌고 있는 유태인들이 적지 않았으므로 그 제도는 폐지되고 말았다.

그러나 어느 가난한 유태인이 탄식하며 말했다.

"여러분, 유태민족이란 역시 이 세상에서 박해 받을 운명에 처해 있습니다. 단 한 가지 남겨진 약간의 돈벌이 수단까지 빼앗기고 말았으니까요."

물난리

유태교로부터 생활보호를 받고 있던 가난한 유태인이, 그리스도 교화로부터 주는 돈이 탐나서, 몰래 그리스도교를 개종하고 있음이 발각되어 생활수단이 끊기고 말았다.

그는 탄식하며 말했다.

'먼 옛날, 우리들 유태인은 모세님의 안내로 홍해의 물을 온통 뒤집어쓰고도 성스런 나라에 도착하지 않았던가. 그런데도 엄연한 유태인으로 인정받았었는데, 나에게 그리스도교의 세례의 물방울이 떨어졌다고 해서 동포가 아니라니, 도대체 이해 할 수가 없군.'

차이점

어느 유태인 두 남자가 이야기를 나누고 있었다.

"그리스도교로 개종한 유태인은 행복한데, 유태교로 개종한 그리스도교가 불행한 것은 무엇 때문인가?"

"그리스도교를 개종한 경우 유태인의 두뇌와 그리스도교의 운명을 갖추고 있는데, 유태교로 개종한 경우 그리스도교의 두뇌와 유태인의 운명을 짊어진 때문이지."

착각

유태교는 개종하려 해도 다른 종교의 관습을 모르고, 그 한 예로 가톨릭 신부가 제단에 가까이 갈 때 모자를 벗는다는 관습이 있다.

코온이 그리스도교로 전향할 것을 권유받았다. 해서 그쪽 형편을 알아보자는 마음으로 교회에 갔다가 잠시 후 돌아오고 말았다.

"나는 절대로 가톨릭교는 되지 않겠어. 가톨릭교는 엉터리였어. 많은 사람이 모여 있고 앞에 큰 신부가 있는데, 작은 신부란 마치 절간의 심부름하는 작은 꼬마 같지 뭐야. 그리고 큰 신부가 제단에 다가가서 모자를 벗자마자 어딘가에 감추어 버리더군, 그리고는 큰소리로 중얼거리는데 아마도, 거기에 모인 녀석들이 당신의 모자 따윈 본 일이 없다고 노래하더군.

그러면 신부는 제가 감추어 놓고서 제가 찾아낸 척을 하지 않겠어. 그리고는 두툼한 책을 펼쳐 보고는 생각나지 않는 척 하더니 그 다음에는 옆에 있는 상자의 뚜껑을 열고 들여다보고, 그래도 보이지 않자 무릎을 꿇고 제단 아래를 들여다보거나 마루 위를 둘러보거나 하더군. 그래도 보이지 않는다고 하자, 작은 신주가 종을 치면서 돈을 걷으려 돌아다니는 거야. 아마 그 돈으로 새 모자를 사려는 모양이겠지. 돈이 적당히 모아지려면 잠시 후에 모자를 꺼내지만, 일단 돈을 돌려주지 않더라니까."

원상복귀

어느 유태인이 논쟁을 벌이고 있었다.

"나는 그리스도교로 개종하려고 해."

"그 무슨 뚱딴지같은 소리야? 돌아가신 아버님이 천당에 가지 못하고 비석 밑에서 돌아누우시겠어."

"그럴 걱정은 안 해도 돼. 내주에 내 동생도 개종하니까.

그렇게 되면 아버지께서는 다시 한 번 돌아누우실 테니 원상 복귀가 되지 않겠어?"

수확

두 명의 유태인인 브라운과 그린이 그리스도교로 개종하고 신부에게 고해성사를 하게 되었다. 처음에 그린이 신부에게 제6계(간음 죄)를 범했다고 고백했다. 그러자 신부가 상대방이 누구냐고 묻자, 그린은 이름을 밝히려 하지 않았다.

"그 상대가 빵집 딸 밀리가 아닌가?"

"아닙니다. 신부님,"

"흠, 그러면 푸줏간 집 딸 마리인가?"

"절대로 아닙니다."

"그러면 목수의 딸 그레텔 인 모양이군."

"천만의 말씀입니다."

끝까지 그린이 상대방의 이름을 대지 않아서 결국 고해성사는 무효가 되었다. 신부에게서 돌아온 그린에게 브라운이 호기심에서 물었다.

"이봐, 어떻게 됐어? 죄의 사학을 받는가?"

"천만에, 용서를 받지 못했어. 그 대신 좋은 상대를 셋 알아녔지 뭐야."

유태인 신부

스페인에서 가톨릭 이외의 종교를 믿는 일이 금지되어 있었다. 나중에야 제도가 바뀌어 유태교 등도 마음 놓고 길을 걸을 수 있게 되었다.

한번은 한 사나이가 스페인의 가톨릭사원을 견학하러 왔다. 안내를 맡은 신부가 성모 마리아상 앞에서 설명했다.

"성모 마리아님은 유태인이 앞에 서면 눈물을 흘리신다는 전설이 있습니다."

그러자 견학하러 온 사나이가 흥분해서 말했다.

"농담을 하시는군요. 나는 유태인입니다. 그런데도 상이 눈물 같은 걸 흘리지 않습니까?"

그러자 안내를 맡은 신부는 주위를 둘러보면서 귀엣말로,

"아무도 없으니 말이지만, 사실은 나도 유태인이지요."

라고 말했다.

신의 마음

유별나게 큰 소리로 예배를 볼 때 기도를 드리는 유태인 빵집 주인에게 이웃집 유태인이 말했다.

"여보시오, 목소리를 적게 하는 대신, 빵의 크기를 대신 크게 하는 것을 하나님께서는 기특하게 여기실 거요."

독차지

한 사나이가 시나고그(유태사원)에서 큰 소리로 떠들어 댔다.

"오, 하나님 단 10실링이라도 좋으니 은혜를 베풀어 주십시오. 배고파 우는 아이들에게 빵이라도 사주고 싶습니다. 단 10실링이라도 좋으니 부탁합니다. 하나님."

옆에서 기도를 드리고 있던 돈 많은 유태인이 주머니에서 10실링을 꺼내 사나이에게 주면서 말했다.

"10실링을 내가 줄 테니 제발 하나님께서 그런데 신경을 쓰지 않게 해 주시오."

신앙

한 유태인 여자가 흔들거리는 다리를 건너면서 하나님께 기도를 했다.

"제발 무사히 건너가게만 해 주신다면 5길러를 자선상자에 넣겠습니다."

한데, 거의 다 건너가게 되자 그 여자는 생각이 달라졌다.

"5길러는 너무 많으니 반 길러만, 아니, 한 푼도 내지 않아도 되지요?"

그러자, 다리가 심하게 흔들리기 시작했다. 여자는 놀라 큰 소리로 외쳤다.

"그냥 농담 삼아 말했는데, 이건 너무하지 않습니까?"

구명보트

바다 한가운데서 유태인 두 사람이 구명보트에 타고 있었다.

사면을 둘러보아도 배나 섬은 그림자도 보이지 않았다.

한 사람이 기도하기 시작했다.

"오, 하나님, 집에 무사하게 돌아갈 수만 있다면 재산의 반을 자선사업에 기증하겠습니다."

그런데 아무리 노를 저어도 구원의 손길은 나타나지 않았다. 그러는 사이에 밤이 되었다.

"오, 하나님!"

하고 먼저 사나이가 다시 기도하기 시작했다.

"만일 저를 구원해 주신다면 재산의 3분의 2를 내놓겠습니다."

그러나 아침이 되어도 달라진 것이 없었다. 절망에 빠진 사나이는 다시 기도하기 시작했다.

"오, 하나님, 제발 부탁드립니다. 제가 무사히 살아날 수만 있다면 저의......."

그때,

"이봐, 기다려!" 하고 다른 사나이가 소리쳤다.

그가 바로 말했다.

"거래를 그만 둬. 섬이 보이니까."

임기응변

유태인은 헤브라이어로 기도하고 있을 때에는 세속적인 이야기를 해서 기도를 중단해서는 안 되는 것으로 되어 있다. 하지만 어쩔 수 없는 경우에 한해서 손짓으로 의사표시를 하는 것은 허용되고 있다. 그리고 또 종교적인 다른 임무를 다

하기 위할 때에 한해서 기도를 도중에 중단해도 된다는 원칙이 있다.

밤늦게 어떤 유태인이 여관에 들었다. 한데 여관방이 만원이어서 둘이서 쓰는 방의 침대 하나가 비어 있을 뿐이었다. 그 방에 이미 들어있는 손님도 유태인이어서 마침 저녁 기도를 드리고 있는 중이었다.

"실례합니다. 이 방의 침대를 쓰려고 합니다만……"

그러자 먼저 든 사람이 알았다고 고개를 끄덕인 채 기도를 계속하기만 했다.

"나갔다가 밤늦게 돌아와야 할 일이 있는데, 그렇게 해도 괜찮겠습니까?"

먼저 든 손님은 그건 안 된다는 듯이 고개를 가로젓고 계속 기도를 드렸다.

"어쩌면 여자 한사람을 데리고 올 지도 모르겠는데, 그래도 괜찮겠습니까?"

그러자, 먼저 든 손님은 손가락을 펴 보이며 고개를 크게 끄덕였다.

기부금

부자인 카임 욤토프가 기도를 드리고 있는 곳에 교단의 위원 두 사람이 찾아와 기부금을 좀 내달라고 말했다. 카임은 못들은 채 하고 큰 소리로 기도만 계속했다.

그래서 두 사람 가운데 한 사람이 공손하게 다시 카임에게 말했다.

"카임 욤토프님, 자신을 위해 기부금 좀 내주십사 하고 찾아왔는데, 이 이야기를 위해서라면 기도를 중단하더라도 교리에 어긋나는 일은 아닙니다."

그러자, 카임은 자세를 바꿔 앉으며,

"기도를 중단해도 된다구요?

아, 그렇습니까. 기부금은 사양하겠습니다."

계율

돼지고기를 먹는 것은 모세의 계율에 어긋난다. 그런데, 붉은 포도주는 원래는 허용되었는데, 그리스도교가 그리스도의 피의 상징인 포도주를 유태인이 마시는 것을 싫어했으므로 옛날 유태인들은 이교도 앞에서는 붉은 포도주를 마시지 않았다.

한번은 유태인과 독일인 장교가 기차의 독실에 함께 타고 있었다. 장교가 맛있는 듯이 햄이 든 샌드위치를 먹고 있다가 유태인에게도 권했다. 유태인은 미안한 듯이 사양했다. 그러자 장교는 이번에는 붉은 포도주를 꺼내서 조금씩 마시기 시작했다. 그 붉은 포도주를 권해도 유태인은 역시 사양했다. 그러자 장교가 물었다.

"배도 고프지 않고 목도 마르지 않습니까?"

"동무를 해드리고 싶은 마음은 간절하지만 계율이 엄해서요." 유태인이 대꾸했다.

"그 계율을 어겨서는 안 되나요?"

"그렇지도 않습니다. 생명에 위험이 닥칠 때는 허용되지요."

그러자 장교는 재빨리 권총을 들이대며 농담 반 진담 반으로 위협했다.

"자, 마시지 않으면 쏘겠소!"

그러자, 유태인은 포도주를 마셨다. 잠시 후에 장교가 말했다.

"장난이 지나쳤던 것 같은데 용서해 주십시오."

"천만에요. 한데, 샌드위치를 먹을 때에는 왜 위협을 해 주지 않습니까?"

신의 은총

어느 날 랍비가 어린 아이들에게 이야기를 들려주고 있었다.

"옛날, 가난한 나무꾼이 숲속에서 버려진 갓난아이를 발견했어요. 그런데 그 나무꾼에게는 아내가 없었으므로 아기를 키울 방법이 없어 걱정하고 있었답니다.

그래서 나무꾼은 하나님께 기도를 드렸어요. 그랬더니 기적이 일어났지 뭐예요. 놀랍게도 나무꾼의 가슴에 젖이 생기지 않았겠어요, 그래서 아기는 젖을 먹을 수 있게 되어 무럭무럭 자라날 수 있었다더군요."

그 이야기를 듣고 있던 한 사나이가 이해가 가지 않는다는 듯이 물었다.

"랍비님, 그 이야기는 어쩐지 잘 이해가 가지 않습니다. 남자에게 여자처럼 젖이 생기다니 그건 너무했어요. 하나님께서는 무슨 일이든지 가능하시니 한 자루의 돈을 나무꾼에게 주면, 그 돈으로 유모를 고용하면 될 텐데요."

랍비는 잠시 생각에 잠겼다가 말했다.

"이봐, 그건 잘못 생각한 거야. 기적으로 충분한데 하나님께서 구태여 현금까지 줄 필요는 없지 않나?"

그리스도는 유태인

그리스도교의 목사가 하늘로 올라가자 천당의 입구에서 문지기인 페투르스가 폭스바겐(자동차 이름)을 주면서 말했다.

"당신의 선행에 대한 보상이오."

그 목사는 얼마를 달리다 보니 가톨릭 신부가 번쩍이는 미국제 승용차를 타고 가는 것을 보게 되었다. 그래서 페투르스에게 물었다.

"저 사람은 나보다도 좋은 일을 더 많이 했습니까?"

"저 사람은 예수님께 많은 재물을 바쳤기 때문에 그 보상을 받는 것이오."

잠시 후에 보니 이번에는 유태인 랍비가 롤스로이스(영국제 최고급 자동차)를 타고 있었다. 마침내 목사는 격분된 어조로

"저 녀석은 주님께 재물 같은 걸 바치지도 않았지 않소?"라고 따졌다.

그러자 페투르스가 귀엣말로 일러 주었다.

"조용히 하시오. 저 사람은 주님의 친척이오."

모자

두 명의 신학교 학생이 논쟁을 벌이고 있었다.

"경건한 유태교인은 모자를 쓰지 않고 다녀서는 안 되는 것으로 되어 있는데, 그건 그렇다 치고『성서』에는 그런 언급이 없는 것은 어째서일까?"

"이봐, 자네 말도 일리는 있지만, 간접적으로는 『성서』에 많이 쓰여 있지.

예를 들면『야곱은 베시바에서 와서 하란으로 갔도다』라고 말이야. 야곱과 같은 경건한 유태인이 이렇게 먼 여행길을 모자도 쓰지 않고 갔을 리가 없지 않겠어?"

불가능

군인이 포커 게임 하는 것을 미국에서는 금하고 있는데 가톨릭과 그리스도를 믿는 사람과 유태교인 병사가 셋이서 그 금지사항을 어김으로 해서 군법회의에 회부되었다.

법정에서, 맨 먼저 가톨릭 병사가 증언했다.

"성모 마리아님께 맹세컨데 포커 같은 건 하지 않았다고 맹세합니다."

이어 그리스도교가 증언했다.

"마르틴 루터님의 이름을 들어 맹세하겠습니다. 저는 포커 게임을 한 기억이 없습니다."

끝으로 유태인 병사가 말했다.

"재판관님, 혼자서 하는 포커게임도 있습니까?"

판단

한 유태인이 기도를 드리고 있었다.

"오, 하나님. 반은 가난한 사람에게 나누어 주겠사오니 제발 복권 추첨에 당첨되게 해 주십시오."

한데, 기도한 보람도 없이 당첨되지 않았다. 그러자, 그리스도 교회에 가서 양초 한 자루를 기부하면서 상금의 반은 교회를 기부하겠다고 기도했다.

그리고 난 뒤에 복권이 당첨됐다. 그 유태인은,

"그리스도교의 하나님에게 기도하는 것이 더 이롭다는 것을 알았다. 하지만 우리의 하나님이 훨씬 현명하시다. 내가 거짓말쟁이며, 기부금 따위는 절대로 내지 않는다는 것을 훤히 알고 계셨을 테니까." 하며 좋아 했다.

문제와 풀이

술래잡기

  미국으로 이민하는 동유럽의 유태인 가운데에는 거기에서 일단 생활의 안정을 얻으면 자신의 자녀들이 고향에서 하고 있던 『탈무드』 공부를 계속시키기 위하여 유태교 선생님을 가정교사로 들이는 사람이 많다.

  그러나 환경의 차이가 크기 때문에 뜻대로 되지 않는 것이 상례이다. 미국에서는 유태교의 선생을 놀리는 이야기로 다음과 같은 유머가 있다.

  유태교의 선생을 피해 숨으려고 하는 것은 먼저 어린이들, 그 다음이 수업료의 청구를 받은 어버이들이다. 한데, 자녀들이 무엇을 배웠는지 어버이들이 확인하려고 나서면, 이번에

숨는 것은 유태교 선생들이다.

벌

골프광인 랍비가 시카고에 살고 있었다. 한번은 일주일 동안이나 안개가 끼어 있다가 겨우 화창해진 날이 마침 안식일이었다. 유태인들에게는 안식일은 일주일 동안의 성스런 날에 해당하여 몸을 움직이면 안 된다는 계율이 있다.

그 랍비는 남의 눈에 띄지 않게 아침 일찍 골프장으로 갔다.

랍비의 죽은 아버지가 천국에서 그 모습을 목격하고 하나님께 고했다.

"제발 제 아들인 랍비를 벌해 주십시오. 계율을 어기고 골프를 치려고 합니다."

그러자 하나님께서 대답했다.

"좋아. 어디 한번 골탕을 먹여줘야지."

하계에서 랍비가 볼을 세트하여 오랜만에 기합소리 요란하게 스윙, 볼은 멋지게 250야드를 날아갔다. 신나게도 그것은 홀인원이었다.

그것을 본 랍비의 아버지는,

"하나님, 그렇게 되면 골탕 먹이는 것이 아니지 않습니까?"

라고 물었다.

그러자 하나님은 웃으시며 대답했다.

"이것으로 되지 않았는가. 저 녀석 아무에게나 자랑 할 수 없을 테니까 말이야."

아들의 재능

한 할아버지가 아들을 위해 유태교 선생을 가정교사로 모셨다. 한번은 공부방을 살짝 들여다보았더니 선생이 아들에게 어버이가 죽었을 때 외우는 장례식의 경문을 가르치고 있었다. 놀란 아버지는,

"선생님, 나는 아직 젊고 팔팔해서 죽을 때가 멀었습니다." 라고 말했다.

"그건 걱정하지 않아도 됩니다. 왜냐하면 이 아이가 경문 전부를 외울 무렵이면 당신은 백 살은 먹게 될 테니까요."

아버지와 아들

제2차 세계대전이 끝난 폴란드에서 요셀이 술집에서 자리

를 같이한 사나이와 이야기를 나누고 있었다.

"덕분에 아들들은 다 잘 되었습니다. 장남은 의사, 차남은 변호사, 셋째는 화학기사, 넷째는 화가, 다섯째는 소설가가 되었으니까요."

"그러면 당신은 무얼 하고 계신지요?"

"자그마한 공장을 가지고 있는데 아들들의 식비 정도는 겨우 나오고 있습니다."

부도덕한 세대

유태인 중 이스라엘로 이민 온 대부분은 헤브라이어를 잘 모른다. 한데 이스라엘에 와서 태어난 청소년들은 부모들보다 헤브라이어를 잘하는 것이 보통이다.

게다가 이스라엘에서도 젊은이들의 버릇이 없어져서 부모들이 골치를 썩고 있다. 그로 인해 다음과 같은 유머가 생겼다.

"도이체 씨, 헤브라이 말을 좀 할 수 있게 되었나요?"

"겨우 몇 마디뿐입니다. 샤롬(안녕하십니까), 베와카샤(영어의 플리스), 토다(감사합니다) 정도입니다."

"그런데 댁의 아드님은 아주 헤브라이어가 유창하더군요."

"도대체 무슨 말을 하는지 알 수 없는데, 내가 알고 있는 세 단어만은 외우지 못하는 모양이더군요. 아직까지 한 번도 들어 본 적이 없으니까요."

기억법

마을 학교의 선생님이 코흘리개 어린이들에게 유태교의 초보를 가르치려고 애썼지만, 모두가 하나같이 미련퉁이 뿐이어서 효과가 없었다. 그렇지만 적어도 안식일에 외우는 경문만이라도 머릿속에 집어넣어 주어야만 했다.

그래서 선생님은 한 가지 묘안을 짜냈다.

"얘, 도비돌, 다섯 개의 단어가 각각 네 옆집에 살고 있는 사람들의 이름이라고 생각하면 외우기 쉽겠지.

예를 들면 『욤』은 저기 사는 농부인 마토우웨이를 뜻하고, 『하시지』는 이반을 뜻하고, 『바에풀』은 막심을 뜻하는 거야. 그 다음에 『하샤 마이엠』은 표트르, 그리고 『베할레즈』는 랍비를 뜻한다고 생각하면 될 것이다."

그래서 도비들은 정말 묘안이라고 생각하고 그 단어를 열심히 외었다.

이튿날 아침에는 선생님 앞에서 줄줄 외우기 시작했다.

"욤바에풀……"

외워 나가는 그에게,

"애, 중간에 하시지란 말이 빠졌잖니?" 선생님이 말했다.

"선생님, 하시지는 어제 밤에 죽고 없어요."

성적

학기말 시험을 치르고 돌아온 모리츠가 그의 아버지에게 말했다.

"제 인기가 아주 좋은 모양이에요. 선생님도 감격하셨는지 일 년 만 더 머물러 달라고 하더군요."

동정

학교에서 선생님이 모리츠에게 물었다.

"베를린에서 취리히까지의 직선거리가 7백 킬로라 치고, 우편 비둘기가 백 킬로의 속도로 날아간다면, 몇 시간 걸리겠느냐?"

"8시간입니다."

"어떻게 그런 계산이 나오지? 더 열심히 공부해야 되겠어."

"선생님 비둘기도 프랑크푸르트 근처에서 한 시간 쯤 쉬고 싶은 것입니다. 그러니 제 답이 보다 정확하게 맞는 답일 텐데요."

부전자전

모리츠가 유태인 학교에서 초등학교로 전입해 왔다. 그의 아버지가 모리츠를 선생님에게 소개할 때, 아들의 산수성적이 좋다고 자랑했다.

그러자 선생님이 시험 삼아 물었다.

"그게 정말인지 어디 시험해 보지요. 모리츠, 선생님이 너의 아버지의 가게에서 바지 한 벌 분의 옷감으로 1야드 4분의 3을 샀더니 1야드에 1파운드 3분의 2라고 하더군. 그러면 전부 얼마가 되지?"

그는 그 문제가 어려웠는지 조금도 그런 내색을 보이지 않고 재빨리 대답했다.

"선생님, 그런 싸구려 천으로는 바지를 못해 입어요. 적어도 1야드에 2파운드는 내야 됩니다. 게다가 바지 한 벌 감이면 선생님의 체격으로는 3야드는 들겠는데요. 그러니까 답은 9파운드가 됩니다."

도적

두 명의 유태 신학생이 밤늦게 까지 촛불 아래서 엄숙하게 『탈무드』를 공부하고 있었다. 그들이 자려고 이불을 긴 의자 위에 펼쳤을 때 사납게 생긴 두 명의 코사크인이 창문을 넘어 침입하여 촛대와 이불을 강탈해 가버렸다.

두 학생이 겨우 충격에서 깨어났을 때, 한 학생이 이상하다는 듯 말했다.

"저 코사크들은 어느 신학교에 다니는 녀석들일까?

만일 밤에 잠을 자는 것이라고 가르치고 있는 학교에 다니고 있는 녀석이라면 촛대 따위는 필요가 없을 것이고, 밤새워 공부하라고 가르치는 학교라면 이불이 필요하지 않을 텐데 말이야."

그러자,

"이봐 그건 빤하지 않은가. 보나마나 녀석들은 각각 다른 학교에 다니고 있을 거야."

라고 다른 학생이 대꾸했다.

거울의 원리

"랍비님, 아무래도 이해가 안가는 일이 한 가지 있습니다. 그것은, 가난한 사람들은 서로 도와주는데 부자들은 여유가 있으면서도 도와주지 않습니다. 어째서 그럴까요?"

"잠깐 창밖을 내다보십시오. 밖에 무엇이 보입니까?"

"한 악인이 어린아이의 손을 잡고 걸어가고 있습니다. 그 다음에는 시장에 자동차 한 대가 들어가려 하는 것이 보입니다."

"그래요? 그러면 다음에는 벽에 있는 거울을 보아 주십시오. 무엇이 보입니까?"

"제 얼굴밖에 보이지 않습니다."

"그렇습니다. 창이나 거울이나 똑같이 유리로 되어 있습니다. 한데 수은 칠을 조금만 하게 되면 자기 모습밖에 보이지 않게 되기 때문이오."

장래성

순회설교사의 설교를 듣고 눈물을 흘리는 사나이가 있었다. 그래서 설교사가 그 사나이에게 물어 보았다.

"내 이야기가 그렇게도 감명이 깊었던가요?"

"천만에요. 실은 제 아들이 꼭 순회설교사가 되겠다고 하며 내 말을 듣지 않습니다. 한데, 당신의 이야기를 듣고 보니 아들의 장래가 걱정되어 나도 모르게 눈물이 흘러나오더군요."

적성검사

모리츠의 나이가 열 살이 되자 교육에 열성적인 어머니가 그를 전학시키기 위해 적성검사를 받게 하려고 랍비에게 상담해 왔다.

랍비가 말했다.

"매우 간단한 방법이 있습니다. 책상 위에 세 가지 물품을 놓고 아이에게 선택시키도록 합시다. 술을 채운 술잔 하나와 돈주머니 하나, 그리고 성서 한권, 그 셋 중에서 하나를 택하게 합니다. 만일 술잔을 택하면 방랑자가 될 것이고, 돈주머니를 택하면 상인이나 은행가로 나가면 출세할 것입니다." 하여 어느 날 모리츠를 불러 시험을 해 보았다.

그의 부모는 긴장된 마음으로 모리츠를 지켜보고 있었다.

랍비의 설명을 잠자코 듣고 있던 모리츠는 이윽고 술잔을 들어 술을 단숨에 마시고 돈주머니를 주머니 속에 챙겨 넣은 다음 성서를 옆구리에 끼고 도망치려고 했다.

그걸 지켜보던 어머니가 깜짝 놀라 소리쳤다.

"오 하나님. 이 아이는 가톨릭 신부가 될 모양입니다."

다반사

남편이 『탈무드』 공부를 계속할 수 있도록 조그만 가게를 운영하고 있는 어느 여자가 있었다.

한번은, 안식일의 요리를 준비하기 위해 가게를 남편에게 부탁하고 한 시간 쯤 집에 갔다가 가게로 돌아와 보니, 두 명의 코사크가 가게의 물건을 유유히 훔쳐내고 있었다. 한데도 남편은 그것을 멍청히 보고만 있을 뿐이었다.

놀란 아내가 코사크를 쫓아내고 남편의 무능함을 나무랬다. 그러자 남편은 조금도 당황하지 않고 대답했다.

"그만한 일을 가지고 떠들 필요가 뭐 있소. 랍비가 도둑질을 하면 몰라도 코사크인이 도둑질을 하는 것이야 어디 새삼스러운 일인가?"

젊은 아버지

어느 젊은 아버지가 보채는 갓난아이를 열심히 달래면서,

"모리츠야 진정해 진정하란 말이야."

하고 줄곧 그 말만 되풀이 하고 있었다.

그것을 지나가던 한 여자가 보고 말했다.

"정말 참을성이 많으신 아버지이시군요. 아기 이름을 모리츠라고 부르나요?"

"아닙니다. 내 이름이 모리츠고, 이 아이의 이름은 사미입니다."

임기

유태교 선생의 임기는 반년으로 정해져 있는데, 거기에는 그럴만한 이유가 있다.

누구나 아이들을 반년 이상 가르치게 되면 분통이 터져서 병이 나 버리기 때문이다. 해서 병이 나기 전에 교체하는 것이다. 만약 병이 나지 않는 선생이라면 그건 무능하다는 증거이므로 반년이 지나면 어쨌든 자동적으로 임기가 만료된다.

이해도

동유럽에 사는 유태인의 의견으로는 농부에게 우스갯소리를 들으면 세 번 웃는다고 한다.

즉, 듣고 있을 때와 설명을 들었을 때와 뜻을 알게 되었을 때이다.

그런데 지주는 두 번 밖에 웃지 않는다. 듣고 있을 때와 설명을 들었을 때 뿐이다. 어차피 뜻은 모르기 때문이다. 한데 장교는 한번 밖에 웃지 않는다. 즉 듣고 있을 때 뿐이며, 설명 같은 건 상관하지 않는다. 더구나 뜻은 알 턱이 없는 것이다.

그런데 유태인은 유머를 이야기하려고 하면,

"그런 낡은 이야기는 이미 알고 있다."

하면서 좀 더 재미있는 이야기를 들려준다.

무식한 죄

스르르케 힐시페르트는 법정에 서 있었다. 그가 가짜 포도주를 만든 죄를 저질렀기 때문이었다. 스르르케는 스스로 자기 자신을 변호하겠다고 고집하면서 재판관에게 질문했다.

"재판관님, 당신은 화학에 대해서 잘 알고 계십니까?"

"나는 법률전문가이므로 화학에 대해서는 잘 모르오."

"그러면, 주조관리원님, 당신은 법률도 알고 있습니까?"

"나는 화학기사일 뿐이오."

"재판관님, 그런데도 이 무식한 유태인에게 법률과 화학 양쪽을 다 알아야 한다고 말씀 하시겠습니까?"

지축(地軸)

문교부의 관리가 어느 초등학교를 시찰하러 왔다가 한 학생에게 물었다.

"지구의는 왜 기울어져 있지?"

학생은 당황하여 자기가 그렇게 해 놓지 않았다고 변명했다.

그러자 관리가 어처구니 없어서 교장에게, 교육이 신통치 않다고 하자, 교사는 얼굴을 붉히며 더듬더듬 말했다.

"이 지구의는 처음 사올 때부터 이렇게 기울어져 있었습니다."

그래서 이번에는 교장선생님에게 알리자, 교장은,

"학교의 실습교제를 유태인 상점에서 사서는 안 된다고 주의를 주었지 않았소?"

라고 교장은 교사를 불러 야단쳤다.

웃고 우는 인생

누가 더 위대한가

러시아 전선에서 포로가 된 독일 병사가 유태인 감시원을 향해 말했다.

"우리 빌레름 황제께서는 그야말로 위대하시지. 반드시 매주 한번은 전선에 나오시지 뭐야."

"뭘 그걸 가지고 자랑이야. 우리 니콜라이 황제께서는 훨씬 위대하시지. 자신은 꼼짝도 않으시지만, 가만히 있어도 매주 전선이 저절로 다가오고 있으니 말이야."

황제의 자격

제정 러시아의 병력의무를 피하려는 유태인이 필사적으로 군의관에게 엄살을 떨고 있었다.

"저는 결핵환자입니다."

"그래서 어쩌란 말인가? 불로시로프 장군은 결핵환자인데도 용감한 군인이야."

"지금 제 눈은 한쪽이 보이지 않습니다."

"이바노프 장군을 보란 말이야. 한쪽 눈만 가지고도 군인의 모범이 되어 있지 않은가?"

"더구나 저는 정신박약환자입니다."

"바보 같은 소린 그만해. 우리 황제님은 정신박약자인데도 불구하고 직무를 다하고 있지 않은가?"

패인(敗因)

제2차 세계대전이 시작되려고 할 무렵에 독일의 한 초등학교에서 역사시간에 선생님이 학생에게 질문했다.

"힐릭스, 지난번에 제1차 세계대전에서 독일이 패한 원인이 무엇이라고 생각하는가?"

"독일군에 유태인 병사가 섞여 있었기 때문입니다. 유태인은 겁이 많은데다가 전선에서 도망치는 자가 많았으므로 우리가 전쟁에서 패한 것입니다."

"좋아, 그럼 할트히트에게 묻겠는데, 그 밖의 원인으론 무엇이 있겠는가?"

"병참부에도 유태인이 있었기 때문입니다. 그들이 식량과 피복을 훔쳐냈기 때문에 독일이 패한 것입니다."

"맞았어. 그러면 로젠베르크, 너는 어떻게 생각하는가?"

유태인이었던 로젠베르크는 천천히 일어서서 작은 소리로 대답했다.

"그 다음엔, 참모본부에서 유태인이 있었기 때문에……."

"이봐, 무슨 소릴 하는 거야? 독일군 참모본부에 유태인 같은 건 한 사람도 없었어!"

그러자 로젠베르크가 울상을 하며 계속 말했다.

"선생님, 독일 참모본부가 아닙니다. 그러니까 프랑스군 참모본부에 유태인이 있었어요. 그래서 독일이 패했습니다."

부활

스탈린의 유해를 국내에 안치하는 것을 못마땅하게 여긴

후르시쵸프는 드골에게 부탁해서 나폴레옹의 묘가 있는 앙바리드를 사용하게 해 달라고 했으나 드골은, 앙바리드는 영웅을 모시는 묘지라고 하며 승낙하지 않았다.

그래서 워싱턴에 전화를 걸었으나 엘링턴 국립 묘지도 스탈린만은 거절하겠다는 것이었다.

또 영국의 웨스트민스터 사원도 영국의 영웅 이외에는 사절하겠다는 것이었다.

생각 끝에 이스라엘에 부탁해 보았더니, 뜻밖에도 인수하겠다는 회신이 왔다. 그런데 회신 끝에,

『신뢰할 수 있는 국제통계에 의하면, 성스런 이스라엘에서의 부활의 확률은 세계에서 가장 높다는 것을 미리 알아주시기 바랍니다』라고 쓰여 있었다.

그래서 스탈린의 유해는 그의 부활이 두려워 지금도 러시아에 그냥 묻혀 있다고 한다.

사수(死守)

공산당의 정치교육원이 한 유태인에게 질문했다.

"당이 그대의 마지막 일 루불을 요구하면 어떻게 하겠는가?"

"바로 내놓겠습니다."

"그대가 입고 있는 마지막 셔츠를 요구한다면 벗겠는가?"

"그것만은 절대로 내놓을 수가 없습니다."

"그건 어째서?"

"루불은 가지고 있는 것이지만, 셔츠는 마침 한 벌만 입고 있기 때문입니다."

자업자득

징병검사를 받게 된 슈무르가 친구인 모이세에게 물었다.

"불합격이 되는 수가 없을까?"

"이봐, 이를 몽땅 빼버리면 어떨까?"

마침내 슈무르는 이를 몽땅 뽑아 버리고 말았다. 한데 며칠 후 슈무는 모이세에게 화를 냈다.

"너 때문에 죽을 고생을 당했다구."

"불합격은 됐겠지?"

"그야 물론이지. 하지만 불합격의 판정은 마당발 때문이야."

당연지사

유태인인 사무엘 비민슈티히는 여러 해 동안 시베리아에 유배되어 있다가 겨우 석방되어 고향으로 돌아왔다.

그의 친구들이 위로했다.

"그래 얼마나 고생이 많았나?"

그 말을 듣자 사무엘은 고개를 저었다.

"별로 고생이랄 것도 없었어. 아침은 7시에 깨워지고 차와 빵만으로 아침식사를 하는데 차가 뜨거운 것이어서 괜찮았어.

그 다음엔 자동차로 통조림 공장으로 끌려가 상표를 붙이는 일을 했지. 12시에는 다시 자동차를 타고 점심을 먹으러 가고 점심식사는 약간 싱거웠지만 그런대로 먹을 만한 것이었지. 그 다음은...... 약간의 낮잠 자는 시간이 있었고, 그 다음의 간식 시간에는 빵과 커피가 지급되었었지. 그리고는 카드놀이 따위를 하고 있으면 저녁 식사 때가 되고, 물론 메뉴는 대단치 않았지만 사람이 욕심을 부리자면 한이 없는 법이지. 그 후 다음 날 분의 담배 배급을 받고 텔레비전을 보고 있으면 하루가 끝이지. 그러고 나서 10시나 10시 반에는 모두가 잠자리에 들어가 잠을 자고......"

"아니 그게 정말인가? 아이젠슈타프로 시베리아에 유배당했었지만 전혀 다른 이야기를 하던데?"

"그럴 수 밖에 그 녀석은 또 다시 시베리아로 돌아가게 된 거지."

기대

히틀러 정권이 수립되었다.

베를린에 살고 있던 유태인들은 매일 아침, 신문판매대에서 나찌의 기관지를 사서 첫 페이지만 훑어보고는 휴지통에 쳐 넣는 것이 습관이었다.

한번은, 그것을 이상하게 여긴 신문팔이가 그 이유를 유태인에게 물었다.

"사망광고를 찾고 있어."

"사망광고는 마지막 페이지에 나와 있을 텐데요?"

"내가 찾고 있는 사람은 일면에 나오게 되어 있어서!"

희비극

독일에서 유태인이 나찌의 압박을 받고 있을 무렵, 베를린의 한 길모퉁이에서 두 사나이가 이야기를 나누고 있었다.

"한데 코온씨, 두 가지 뉴스가 있습니다. 하나는 길보이고 또 하나는 흉보입니다."

"길보란 무엇입니까?"

"히틀러가 죽었다는 소식이오."

"그런데 흉보란?"

"바로 그 소식이 잘못 보도되었다는 것이오."

효능

기차에 나찌의 돌격부대 장교와 유태인이 함께 타고 있었다.

주관지를 펼쳐 보며 자랑스럽게 말했다.

"이 신문은 많은 도움이 되므로 꼭 읽고 있습니다."

그리고는 이어 유태계의 경제 신문을 펼치며 다시 말했다.

"이 신문은 휴지로 밖에 쓸 수가 없지."

그 말을 들은 유태인은 손을 비비며,

"장교님, 그렇다면 귀하의 엉덩이가 귀하의 머리보다 현명해 지는 건 틀림없겠군요."

라고 말했다.

야수

유태인을 체포한 나찌의 친위대 대장이,

"본 관의 어느 쪽 눈이 의안인지 맞추면 놓아 주겠소."

라고 말했다. 유태인은 장교의 얼굴을 자세히 쳐다보고 대답했다.

"왼쪽 눈일 겁니다."

"흠, 용케도 맞추는군. 한데 어떻게 그걸 알았소?"

"네, 그건 왼쪽 눈이 인간답게 보이니까요."

죄

아돌프 아이히만이라고 하면 나찌의 유태인 학살의 총책으로서 이스라엘에서 사형선고를 받은 사나이로 유명하다.

아이히만이 사형되기 전의 마지막 소원으로 유태교로 개종하고 싶다고 말했다.

그 이유를 묻자, 아이히만은,

"그렇게 되면 유태인 한명이 더 죽여진 결과가 되기 때문이오." 라고 말했다.

낙서

제2차 세계대전이 끝난 얼마 후, 콜른 시의 감옥에서 두 사람의 죄수가 이야기를 하고 있었다.

"자네는 무엇을 하다 들어왔지?"

"유태사원 벽에 『유태인 놈이여 꺼져라』라고 낙서를 했지. 한데 자네는 왜 들어왔나?"

"나 『유태인 대환영!』이라고 썼을 뿐이야.

한데 그곳이 가스실의 벽이었어."

개새끼

유태인 부호인 로스차일드 남작의 애견이 자동차에 역살되었다. 한데 애견가인 남작에게 그 비보를 알릴 역할을 맡을 사람이 아무도 나서지 않았다.

마침 그때 한 외판원이 나타나 그것처럼 쉬운 일은 없다면서 그 일을 맡겠다고 했다. 한데 그는 많은 팁을 받고 돌아왔다.

이상하게 여긴 사람들은 그 외판원은 자랑스럽게 말하는 것이었다.

"하이 히틀러, 그 개새끼가 죽었답니다!" 라고 말했지 뭡니까?" 라고.

역사

1933년의 베를린에서 있었던 일이다.

이집트의 한 외교관이 닮은 탓으로 나찌의 폭도들에게 습격을 당했다. 그가 신분을 밝히자 경관이 진정시키고 안 됐다는 듯이 말했다.

"여하튼 유태인이란 녀석들은 모두 때려 죽여야 합니다."

그러나 이집트 외교관은 체념한 듯한 얼굴로 대답했다.

"그래봐야 다 소용없는 일이오. 우리는 이미 4천 년 전에 그걸 시도해 본 적이 있으니까요."

불평을 말할 수 있는 곳

제2차 세계대전 후 독일군에게 점령당해 있던 유고슬라비아로 이주해 온 유태인에게 먼저 와서 살고 있던 사람이 유고슬라비아의 소식을 묻자 다음과 같이 대답했다.

"그곳에서는 불평도 할 수 없습니다."

"그러면 무엇 하러 이스라엘까지 왔습니까?"

"그러니까 말하지 않소. 그곳에서는 불평을 말하지 못하지만 여기선 불평을 말할 수가 있어서 다행입니다."

상대성 이론

모세즈에게,

"아인슈타인이 일본에 까지 초대받았다고 하는데, 무엇 때문에 그렇게 유명해졌지? 도대체 상대성 이론이라는 것이 뭐야?" 라고 물었다.

"아주 간단한 이론이오. 요컨대, 하나의 사상이 관련성 여하로 다른 뜻을 지니게 된다는 것이지. 쉬운 예로, 자네가 파자마를 입은 채 뜨거운 난로 앞에 앉았다면 1분간을 1시간쯤으로 지루하게 느끼겠지. 하지만 파자마를 입은 젊은 여성이 자네의 무릎에 앉았더라면 1시간이 1분 정도로 빠르게 느껴진다는 것이지."

그래서 코온은 집에 돌아가 아내에게 설명했다.

"상대성이론에 의하면 당신의 머리카락이 한 가닥 밖에 나있지 않았다면 그건 너무 적은 것이야. 하지만 당신이 만든 수프 속에 머리카락이 들어가 있으면 그건 너무 했어 라는 것이 된다고."

한데, 아인슈타인 자신은 다음과 같이 설명하고 있다.

"만일 나의 이론이 옳다고 인정되면 독일인들은 나를 독일인이라고 할 것이고, 프랑스인들은 나를 코스모폴리탄(세계주의자)이라고 할 것이다. 그러나 나의 이론이 이 세상에서 인정받지 못한다면 프랑스인들은 나를 독일인이라고 할 것이고, 독일인들은 나를 유태인이라고 말할 것이다." 라고.

영토

이스라엘의 나하리야라는 도시에는 독일계 유태인이 많이 살고 있다. 그런데, 이스라엘이 건국할 때, 그곳이 아랍 영토로 편입될지도 모른다는 문제가 생겼다.

독일계 유태인 나하리야 시장은 회의석상에서 책상을 주먹으로 치며 분명히 말했다.

"어느 쪽의 영토가 되건 나하리야는 독일이다!" 라고.

만일의 경우

이스라엘이 수도 예루살렘에서 각료회의가 열렸다. 재무장관은 이스라엘의 국제수지의 큰 적자를 설명하고 있었다.

그때 갑자기 상무장관의 발언권이 요청됐다.

"미국에 선전포고를 하는 게 어떨까요? 그러니까 전함 한 대를 뉴욕으로 출동시켜 뉴욕을 포격해 보는 것입니다."

그 말을 들은 국방장관이 놀란 표정으로 말했다.

"그런 일을 하면, 즉각 미국의 6함대가 우리 해안에 파견되고, 우리나라가 패할 것은 당연합니다."

"바로 그 점을 노리는 겁니다. 패전하면 독일처럼 마샬 플랜과 같은 대규모의 경제 원조를 받을 수 있고, 그렇게 되면 경제부흥이 뜻대로 이루어질 것이 아닙니까?"

그러자 이번에는 국방장관이 당황한 얼굴로 말했다.

"이야기의 뜻은 잘 알겠습니다만. 만일의 경우, 우리가 승리한다면 어떻게 한단 말입니까?"

필요성

한번은 외국의 고급장교가 이스라엘군의 전차를 시찰했다. 전차병인 코온이 장비를 설명하게 되었다.

"이것은 기어레버인데 이렇게 작동하면 후진1단이 됩니다. 다음에 이런 식으로 기어를 넣으면 후진 2단이 됩니다."

"그런데 어째서 후진이 2단으로 되어 있는가?"

"아 네, 그건 적군이 침공해 올 때에는 후진 2단을 쓰는데 공격이 치열한 때에는 후진 3단을 쓰도록 되어 있습니다."

"하지만 자네 말대로라면."

"그리고, 이런 식으로 넣으면 전진 1단이 됩니다."

"가만, 그런 식이라면 전진은 필요가 없지 않은가?"

"말대꾸 하는 것 같아 죄송합니다만, 적군에게 배후로부터 공격받는 경우도 있기 때문이죠."

가정(假定) 1

어떤 군사연습 때의 일로써 어느 다리에 다음과 같은 표지가 붙어 있었다.

『이 다리는 폭파된 것으로 간주한다』

언덕 위에서 작전참모가 쌍안경으로 관찰하고 있을 때 보병1개 부대가 표식이 있음에도 불구하고 그 다리를 태연히 건너가고 있었다. 그래서 노발대발한 참모는 다급하게 차를 몰았다. 병사들을 야단치려고 하다가 문득 병사들이 들고 있는 깃발을 보고는 입을 다물고 말았다.

그 깃발에는, 『수영 중』이라고 쓰여 있는 것이 아닌가.

가정(假定) 2

육군의 신병들이 훈련을 받고 있었다.

적군을 발견한 레비 2등 병이 총알이 장전되지 않은 총을 겨냥하고 따따따, 하고 총소릴 흉내 냈지만 적병은 재빠르게 도망치고 있었다.

그래서 레비 2등 병은 화를 내면서 소리쳤다.

"너는 총을 맞았으니 쓰러져야 해."

"무슨 소리야? 나는 탱크라구."

적병의 대꾸였다.

예의

징병검사장에서 팬티바람의 코온이 군의관 앞에 섰다.

군의관이 구령을 붙였다.

"우향우!"

"두 손이 땅에 닿을 때까지 상반신을 굽혀!"

"좋아, 합격!"

그러자 코온이 불만스럽게 말했다.

"기왕이면, 정면을 향해 서, 합격! 이렇게 말씀을 해 주시면 좋을 텐데 엉덩이를 향해 합격이 뭡니까?"

낙천가

모이세와 앙케르가 이스라엘군의 공수부대에 배속되었다.

맨 처음 낙하 훈련을 받게 될 때, 교관이 설명했다.

"아주 간단해. 먼저 비행기에서 뛰어 내리면 20까지 세는 거야. 그런 다음에 오른쪽 고리에 달려 있는 버튼을 누른다.

그러면 낙하산이 펼쳐진다. 그러나 10만 번에 한번쯤은 펼쳐지지 않을 때도 있다. 그때에는 다시 20까지 센 다음 왼쪽에 있는 버튼을 누른다. 그러면 반드시 펴지게끔 되어 있다.

지상에 내리면 차가 대기하고 있을 테니 그것을 타고 막사로 귀대하면 된다."

실습할 차례가 와서 모이세와 앙케르가 뛰어 내렸다. 두 사람은 다 20까지 센 후에 오른쪽 버튼을 눌렀지만 낙하산이 펼쳐지지 않았다. 상관이 가르쳐준 대로 다시 한번 20까지 세고 왼쪽의 버튼을 눌러보아도 마찬가지로 떨어지지 않았다. 두 사람이 그냥 떨어지면서 모이세가 앙케르에게 투덜대며 말했다.

"전형적인 유태식 체제이군. 이런 식이면 밑에서 대기하고 있다는 지프가 있는지 없는지도 의심스런 일이야."

그러자 잉케르가 말했다.

"아무려면 어때. 다 연습인데."

상부상조

바르프는 적의 경기관을 포획한 전공으로 40일간의 휴가를 받았다. 고향에서는 모두들 그의 무용을 칭찬했다.

칭찬을 들은 바르프는 멋쩍은 듯이 말했다.

"그게 대단한 일은 아닙니다. 가끔, 휴가 얻고 싶을 때면 아랍 병사와 기관총을 교환했으니까요."

도리

이스라엘과 아랍의 1967년 5월6일경에 징병되어 간 브라우가 그린에게 말했다.

"아무래도 아랍인들은 우리를 본래 있던 나라로 내쫓을 때까지는 전쟁을 계속할 모양이지."

그러자 그린이 고개를 끄덕이며 대꾸했다.

"그렇다면, 온 세계 나라들이 이스라엘을 원조해 줄 수 밖에 없잖겠어."

지속력

6일 전쟁이 발발했을 때 이스라엘의 텔아비브에서 어느 여자가,

"이 전쟁은 길어야 한 달 이상은 걸리지 않을 거야."

라고 말했다.

"어떻게 그걸 알 수 있죠?"

"내 아들이 징집되어 갔는데, 그 녀석은 같은 일을 한 달 이상 해 본 적이 없거든요."

무료함

6일 전쟁 후 승리에 도취된 이스라엘에서는 다음과 같은 농담이 유행이었다. 다얀 장군과 라빈 장군이 심심해졌다. 그래서 다얀 장군이 먼저 말했다.

"어디, 슬슬 전쟁이나 시작해 볼까?"

"그것도 좋지만, 오후엔 뭘로 보내지?"

1대1

병사들에게 상관이 명령했다.

"적군은 우리 군사와 똑같은 수이다. 한 사람이 한사람씩 죽일 각오로 싸우라. 알았나?"

그러자 어느 병사가 가슴을 펴 보이며 용감하게 말했다.

"저는 두 사람을 맡겠습니다."

그러자 옆에 있던 병사가 그 말을 받아 말했다.

"그럼 저는 돌아가게 해 주십시오."

무명용사

이스라엘의 텔아비브의 무명용사 묘비에 다음과 같이 쓰여져 있다.

『이 땅에 무명용사 다비드 루비체크(가축사료소매상인)잠들다』

어느 외국에서 돌아온 외교관이 그것을 이상하게 생각하고 이스라엘 관리에게 그 이유를 물었다.

"이 사나이는 장사꾼으로서는 매우 유명했지만 군인으로서는 별로 용감하지 않았답니다."

라고 관리가 대답했다.

수요공급

요르단 전선의 참호 속에서 모이세가 이스라엘 병사들에게 물을 팔고 있었다.

물 항아리 두 개를 메고,

"한잔에 20프로토트요!"

라고 소리치며 다니던 중 적의 총알이 항아리 하나에 명중했다. 모이세는 재빨리 소리쳤다.

"한잔에 40프로토트요!" 라고.

상흔

요르단 전선에서 요이네가 이스라엘 병사들에게 물건을 팔며 다녔다.

"구두끈, 단추, 머리빗 등 무엇이든지 싸게 팝니다."

한데 적의 포탄이 아군의 진지에서 터졌다. 요이네는 벌떡 일어나 한층 소리를 높여서 소리쳤다.

"머큐럼, 반창고, 붕대가 필요한 사람 없습니까?"

낙관

이스라엘과 아랍과의 전투에서 이티크 이등병이 척후부대에 배속되었다. 나무 뒤에 숨어서 적의 포열을 정찰하고 있는데 적의 관측병이 거리를 측정하고 있었다.

"1000, 1000, 200……."

이티크 이등병은 헐레벌떡 뛰어와서 보고했다.

"전쟁은 끝났습니다. 적군은 전쟁을 포기하고 대포를 경매 붙이고 있습니다!"

빛 좋은 개살구

중노동

동유럽에 사는 유태인들은 거의가 그 나라의 비 유태인 농민들처럼 가난하다. 그러면서도 그들은 장사를 하거나 가벼운 노동을 할 뿐, 중노동을 하지 않고 살고 있다.

탈무드 학교에서 학생들이 문답을 하고 있었다.

"얘, 양케, 아이를 만드는 일도 일이라고 할 수 있을까? 그것은 즐기는 것이겠지?"

"물론, 즐기는 것이라고 할 수 있지. 만일 그렇지 않다면 우리들 유태인은 비 유태인을 그 일을 시키기 위해 고용해야 할 테니까."

한 유태인이 어느 유부녀와 간통하고 있는 현장이 들통 나서 랍비에게 불려갔다.

그 남자는 간통한 사실을 인정하긴 했지만 양심의 가책은 받지 않는다고 주장했다.

"이런 철면피 같은!" 랍비가 호통을 쳤다.

"랍비님, 제 이야기도 들어 주십시오. 이유도 듣지 않고, 사람을 멋대로 판단해서는 안 된다고 성서에 쓰여 있습니다."

그 말도 그럴 듯 싶어 랍비는 사나이가 하는 말을 들어 보기로 했다.

"랍비님, 제 아내와 그런 짓을 하면 어찌됩니까?"

"바보 같은 소릴 하는군. 아내와 하는 것은 당연한 일이지."

"그렇다면 랍비님, 저를 붙잡은 사내가 나와 가슴을 맞대고 있던 자기 아내와 무슨 짓을 한다면 어떻게 됩니까?"

"조금 전에 말한 대로 당연한 일이지."

"그렇다면 그 녀석과 나의 아내가 그 짓을 하면 어떻게 됩니까?"

"뻔뻔스런 소리. 아무래도 머리가 돈 게 아니야?"

"아닙니다. 랍비님도 잘 아시리라 믿습니다. 제가 그 녀석이 해서는 안 되는 여자와 그 짓을 해도 괜찮다면, 그 녀석이

해도 좋은 여자와 해도 나쁠 게 없지 않습니까?"

선물

　항해 중 배가 침몰되어 한 아름다운 여자가 어느 무인도에 표류해서 당도했다. 한데 그 섬에는 몇 년 전부터 똑같은 운명으로 해서 남자가 혼자서 살고 있었다. 여자가 슬퍼하고 탄식하는 것을 본 유태인이 위로하며 말했다.
　"아가씨, 이 섬은 공기와 물이 깨끗할 뿐만 아니라 조용해서 수평선까지 바다가 보이며 기후도 좋고 싱싱한 과일도 많습니다. 게다가 나 같은 말동무들도 있습니다. 그러니 전혀 살 수 없는 곳은 아닐 것입니다."
　그러자 그 여자는 안심이 되어 장난기 어린 미소를 지으며 고개를 치 켜 들었다.
　"그러면 저는 당신이 몇 년 동안 부자유스럽던 것을 선물로 가져온 샘이군요."
　그 말을 들은 사나이는 갑자기 생기가 돌아 말했다.
　"네, 뭐라구요? 맛짜(유태의 축제일에 먹는 빵)를 가지고 왔군요!"

동시에 겨냥

80 고령의 노인이 젊은 아내를 얻었는데 놀랍게도 그 아내가 임신을 하게 되었다.

스스로도 이상하게 여긴 그 노인은 랍비를 찾아가 그 까닭을 물었다.

그러자 랍비가 대답했다.

"어떤 사나이가 파라솔을 들고 아프리카의 황야를 산책하고 있었다. 그러자 별안간 사자 한 마리가 습격해 왔지요. 사나이는 겁도 내지 않고 파라솔을 쥐고 사자를 향해 탕! 소리를 내며 쏘았더니 사자는 퍽 하고 고꾸라지지 않았겠습니까."

"하지만 아무래도 이상한 일이로군."

"아닙니다. 조금도 이상하게 여길 필요가 없습니다. 사실은 그 사람 뒤에 진짜 총을 가진 사람이 있어서 우연히도 동시에 발포했을 뿐이니까 말입니다."

자연의 욕구

한 유태인 아버지가 랍비에게 하소연했다.

"제 못된 자식 놈은 돼지고기를 보면 굶주린 듯이 먹고, 그리스도교의 여자에게도 키스를 하니 걱정입니다."

그래서 랍비가 그 방탕한 아들을 불렀다. 그 아들은 변명조로 말했다.

"랍비님, 저는 아무래도 타고나면서부터 머리가 이상한 것 같습니다."

"바보 같은 짓이야. 만일 자네가 돼지고기에 키스하고 그리스도교의 딸들을 먹는다면 그것은 이상하지만 자네가 하고 있는 일은 정상이고 당연한 일이야."

신혼남자와 병역

한 젊은이가 랍비를 찾아왔다.

"랍비님, 성서에는 신혼인 젊은이에게 병역의무를 강요해서는 안 된다고 했는데, 어째서 입니까?"

"그것은, 그런 젊은이는 자기 집에서도 전쟁을 치러야 하는 불쌍한 인간이기 때문이야."

진짜 죄

어느 수도승이 스승이 없는 동안 스승의 흉내를 내며 설교하는 것을 재미로 삼고 있었다.

한번은 젊은 사나이가 진짜 스승을 찾아와,

"지난번에 스승님을 대신한 스님께서 3일 동안 짚을 씹으면 죄를 속죄하게 된다고 해서 그대로 하였으니, 이제 죄가 없어졌을까요?" 라고 물었다.

스승은 깜짝 놀라 수도승에게 물어보았다. 수도승은 고개를 숙이고 대답했다.

"스승님, 스승께서 외출하시고 안 계실 때 잠시 스승님 대신 제가 설교를 했습니다. 한데 저 사나이는 밤중에 방을 잘못 알고 예쁜 처녀가 있는 방으로 뛰어든 모양입니다. 바로 뛰어나오긴 했지만, 죄를 속죄해야만 한다고 하기에 그렇다면 3일 동안 짚을 씹으라고 했던 것 뿐입니다. 보나마나 예쁜 여자가 자고 있는 것을 보고 도망칠 정도라면 바보가 아니겠습니까?"

식욕

학문을 닦기 위해 수업여행중인 유태 수사가 하루 밤 신세를 지려고 밤늦게 마을 랍비의 문을 두드렸다. 랍비는 그를 반갑게 맞아들였다.

"보시다시피 제 집은 초라한데다 신혼 초 이긴 합니다만, 하나님이 가르치신 대로 도움을 주라는 자를 물리칠 수 는 없는 일입니다. 어서 들어오십시오. 내일을 위해 먹을 것도 조금 남겨 두었으니까, 반은 잡수셔도 됩니다. 그리고 오늘밤 저는 제 아내와 같은 침대를 쓰고, 당신은 저의 침대를 쓰도록 하십시오."

이윽고 세 사람이 잠자리에 들자마자 마을 사람이 문을 두드렸다. 급한 환자가 생겼다며 랍비에게 빨리 와 달라고 청했다. 젊은 수사는 랍비의 아내와 단둘이 있게 되자 묘한 기분에 빠지게 되었다. 그들은 서로 잠을 이루지 못하고 몸을 뒤척이고 있었다. 마침내 수사가 벌떡 일어나 앉으며 물었다.

"저, 지금 괜찮겠습니까?"

그러자 랍비의 아내는 작은 소리로 부끄러운 듯이 대답했다.

"네, 뜻이 그렇다면요. 하지만 주인이 돌아오기 전에 서둘러 주세요."

그러자 수사는 부엌으로 뛰어들어 음식을 먹기 시작했다.

여자

한번은 코사크인 산적이 습격해 오리라는 소문이 나돌자, 유태인들은 젊은 처녀들을 움막 속에 숨겨 놓았다. 처녀들이 부들부들 떨면서 주위를 살펴보니 나이 많은 노파 한사람이 그들 속에 끼어 있었다.

그래서 한 처녀가 말했다.

"할머니는 숨지 않아도 되잖아요."

그러자 노파는 화를 내며 대답했다.

"그 더러운 산적 놈 들이 나이를 가릴 것 같으냐?"

후회

"우리 딸과 회사의 공금을 집어넣고 줄행랑을 친 회계담당원이 점점 후회하고 있는 것 같아."

"돈을 돌려보냈나?"

"아니, 아직 돈을 돌려보내지 않았는데 딸만은 먼저 돌려보내 주었어."

어머니의 수(數)

시나고그의 어린 승려는 죽은 사람의 기일을 기록해 두었다가, 기일이 가까워지면 근친자에게 알려서 팁을 받는 과외수입이 많았다.

한번은 어느 벼락부자가 부친의 기일을 알려 주었더니 뜻밖에도 많은 팁을 부었다. 그 부자는 돈벌이하느라고 바쁠 뿐만 아니라, 배운 것도 없어서 얼마 후에 다시 한번 부친의 가짜 기일을 가르쳐 주더라도 많은 팁을 줄 것이라고 생각했다.

그래서 어린 승려는 몇 달 후에 벼락부자를 찾아가 부친의 기일이라고 알려주자 전과 마찬가지로 많은 팁을 주었다. 욕심이 생긴 어린 승려는 그의 어머니의 기일도 두 번 이용해 먹으려고 했다.

두 번째 알림을 받은 벼락부자는 버럭 화를 내며 말했다.

"이 사기꾼아, 나의 아버지는 몇 명 있을 수 있어도, 어머니는 한명밖에 있을 수 없는 법이다!"

기술의 차이

독일군이 제1차 세계대전 때, 우크라이나로 진격했을 때 그들의 현대적인 장비는 실로 놀랄만했다.

어느 날 한 유태인이 랍비를 찾아와 딸이 독일병사에게 강간당하여 아이를 가졌다고 호소했다.

한데, 독일군이 진주한 지 두 달 도 못 돼서 아이를 낳았다. 그래서 랍비에게 야단을 맞은 유태인은,

"랍비님, 독일병사의 기술은 놀랄만하므로, 불가능한 일도 아니잖습니까?" 라고 둘러댔다.

조수

차 안에서 아름다운 여선생이 어떤 승객의 질문을 받았다.

"아이가 몇 명이나 있습니까?"

그래서 여선생은 학생 수를 묻는 것으로 알고,

"서른일곱 명이에요." 라고 대답했다.

그 말을 들은 옆의 다른 사람들은 믿을 수 없다는 얼굴을 하고 크게 웃었다. 그러자 여선생은 그렇게 많은 학생을 가르칠 수 없을 것이라고 비웃는 줄 알고 다음과 같이 말했다.

"사람 무시하지 마세요. 조수까지 채용하고 있으니까요."

신의 뜻

산적의 습격을 받아 모이제스키외의 아내가 숲속에서 그 산적들에게 윤간을 당했다.

그래서 남편은 랍비를 찾아가 이혼하고 싶다고 말했다. 그러자, 랍비는 다음과 같이 그를 타일렀다.

"그것도 신의 뜻이니까, 체념하는 게 옳아요."

모이제스외는 그 말에,

"산적의 습격을 받은 것은 신의 뜻이었다고 이해가 갑니다. 그리고 아내가 산적에게 윤간을 당한 것도 신의 뜻이었다고 체념하겠습니다.

하지만 랍비님, 아내가 산적과 같이 엉덩이를 움직이던 것은 절대로 신의 뜻이라고는 생각할 수 없습니다." 라고 말했다.

항복

기차 안에서 어느 유태인 남녀가 알게 되었다. 그들은 다

모스크바로 가는 길이었는데 긴 여정이었으므로 도중에 기차에서 내려 시골 여관에 묵지 않을 수 없게 되었다. 결국 밤에 넘어서는 안 될 선도 넘어 서 버린 두 사람은 아침이 되자 후회하는 마음이 간절했다.

남자가 먼저 입을 열었다.

"곧 랍비한테 가서 참회하고 올 테니 걱정하지 않아도 됩니다."

이윽고 돌아온 남자가 말했다.

"속죄하는 뜻으로 예배당에 1킬로그램을 기부하라는군요."

"그래서 그렇게 했어요?" 여자가 물었다.

"2킬로그램을 기부하고 왔죠."

"그건 너무 과용하신 건 아니에요?"

"아니오, 돌아올 땐 어차피 함께 머무를 테니까요."

내 아들

임종 때가 가까워진 아내가 남편에게 말했다.

"여보, 그냥 이대로 죽을 수가 없어요. 미안한 얘기지만 지금이니까 숨겨온 사실을 말씀드리겠어요. 실은, 이삭은 당신의 아이가 아니에요."

"뭐야? 그럼 누구의 아이란 말이야?"

"집의 힐슈페르트의 아들이에요."

"여보, 농담도 쉬어 가면서 해야지. 힐슈테르트 같은 훌륭한 젊은이가 당신 같은 메주덩어리와……."

"해서 그에게 2천 프랑을 주었어요."

"하지만 그 많은 돈을 어떻게 마련했지?"

"당신의 금고에서 슬쩍 했지요."

"그래 그렇다면 이삭은 역시 내 아들이야."

아버지

아들의 할례식에 사촌인 요셀을 초청한 아버지가 자랑스럽게 물었다.

"요셀, 내 아들 녀석이 누굴 닮았지?"

요셀은 당황해서 대답했다.

"원, 참 저는 이곳에 온지 반시간 밖에 되지 않았는걸요."

발광

아내가 세상을 떠나고 그 장례식 날인데도 불구하고 남편인 골트와인이 나타나지 않았다. 친구들이 걱정되어 그의 집을 찾아와 보니, 어처구니없게도 지붕 밑 다락방에 하녀와 한참 정사를 벌이고 있는 중이었다.

기가 막힌 그의 친구들은 입을 열 수 조차 없었다.

"도대체 너라는 녀석은, 천벌을 받을 놈이야."

"너희들은 잘 몰라. 나는 너무 슬픈 나머지 정신이 돌아버린 거야."

바람기

"안녕하십니까? 코온씨. 어떻게 지내십니까?"

"오, 덕분에 한 달에 두 번은 잘해 나가고 있습니다."

"아니, 코온씨 나는 그런 뜻에서 물은 것이 아닙니다. 댁이 어떠시냐고 물은 것입니다."

"댁이라고요? 집에서는 잘 되지 않아요."

경기

"자주 파리 출장을 가시는데, 경비가 많이 들지요?"
"물론이죠. 아내와 함께 가면 2천 프랑이 들고 혼자서 가면 4천 프랑이 들지 뭡니까?"

자기 몫

조베르의 아내 자랑을 듣고 있던 아브라함이 찌푸린 얼굴로 말했다.
"조베르씨, 당신은 아내가 네 명의 남자와 놀아난 사실을 알고 있나요?"
"그건 상관하지 않습니다. 나쁜 물건을 몽땅 차지하고 있는 것보다는 필요한 만큼 좋은 물건의 자기 몫을 갖는 편이 나으니까요."

쇼크

미모의 콜걸 사라의 집에서 사라몬의 시체가 발견되었다.

경찰의 조사를 받은 사라는 다음과 같이 대답했다.

"나흘 전에 저 사람이 처음 찾아와 50달러를 낼 테니 머리를 쓰다듬어 달라고 부탁하더군요. 좋다고 했더니, 다음날에 또 찾아와 1달러를 낼 테니 나의 금발을 조금 달라고 하더군요. 물론 좋다고 했죠. 그런데 어저께 또 찾아와서, 나를 도저히 잊을 수가 없어서 제발 부탁하는 것이니 5백 달러로 함께 자자고 하더군요. 너무나 가여운 생각이 들어서 함께 자 주겠지만 값은 30달러라고 말해 주었더니 깜짝 놀라 쓰러진 거예요."

등잔 밑

한 사나이가 예정보다 일찍 출장에서 돌아와 자기 집 문을 두드렸지만, 집에 있어야 할 아내가 좀처럼 나타나지 않았다. 한참만에야 문을 열고 안으로 들여보내 주었다.

남편이 손을 씻기 위해 욕실로 가려고 하자, 아내가 당황해서 말했다.

"새 타올은 부엌에 있어요."

"내 집의 욕실을 쓰는 것은 내 마음이야."

하고 아내의 만류도 뿌리치고 욕실에 문을 열자, 난생처음 보는 젊은 사나이가 웅크리고 있었다.

한데 그 사나이는 조금도 당황하지 않고 침착하게 다음과 같이 말하는 것이었다.

"죄송합니다. 실은 2층에 사는 부인과 친하게 지내는 사람입니다만 오늘은 뜻밖에도 주인이 일찍 돌아왔으므로 5층 창문을 통해 댁의 욕실 창으로 도망쳐 나왔습니다. 정말 죄송합니다만 남자끼리의 정으로 댁의 현관으로 나가게 해 주시겠습니까?"

그래서 남편은 싱긋 웃고는 그 사나이를 현관으로 내 보내 주었다.

밤이 되어 잠자리에 들자 아내는 코를 골면서 잠을 자고 있었다. 잠이 오지 않아 이 생각 저 생각을 하던 남편이, 갑자기 벌떡 일어나 아내의 머리를 주먹으로 질러 박았다. 아내는 깜짝 놀라 눈을 떴다.

"당신 느닷없이 미쳤어요?"

"이 화냥년 여편네야! 이제야 생각이 났는데, 우리 집은 단층집이잖아?"

인간

어느 회사의 부장이 한 부하의 출장비 명세서를 검토해 본

결과,

　점심값 5 마르크

　택시비 2 마르크

　숙박비 30마르크

　(인간은 나무토막이 아니다. 100마르크)라고 쓰여 있었다.

　그것이 다음날에도 (인간은 나무토막이 아니다.)라고 예외 없이 기제 되어 있으므로, 부하직원들을 불러 야단을 쳤다.

　"이봐, (인간은 나무토막이 아니다.) 란 도대체 무슨 뜻이야? 그럼 인간이 강철이란 말인가?"

시간마감

　밤에 잠자리에서

　『남편』 "여보, 내가 가지고 있는 주 값이 많이 올랐구려."

　『아내』 "오늘은 틀렸어요. 증권거래소는 이미 문을 닫았으니까."

　『남편』 "내 주는 단단한데."

　『아내』 "거래소의 문이 닫혔다고 했잖아요."

　잠시 후에,

　『아내』 "알았어요. 열어드리지요."

『남편』 "기차는 벌써 나와 버렸다구."

표적

코온이 돈 많은 미망인과 결혼하고 친구들에게 피로연을 베풀었다.

그가 작은 소리로 속삭였다.

"내 아내는 자본금이야, 저기 있는 저렇게 큰 딸이 둘씩이나 있어. 말하자면 이자인 셈이지. 즉 나는 자본금은 그대로 놔두고 이자로 생활해 나갈 참이지."

목적

어느 낯선 도시에 온 유태인이 행인에게 물었다.

"미안합니다만 랍비님이 살고 있는 곳이 어딘지 아십니까?"

"저기 앞을 오른쪽으로 돌아간 곳에 살고 있습니다."

"선생, 그곳은 홍등가가 아닙니까?"

"아닙니다. 홍등가는 왼쪽으로 돌아가야 있습니다."

"감사합니다."

고맙다는 인사를 한 유태인은 왼쪽으로 돌아갔다.

진통법

손님이 잘 방을 준비하고 있던 부인이 치통 때문에 얼굴을 찡그리고 있는 것을 본 손님이,

"아픔을 멎게 하는 비방을 알고 있습니다. 부인!"

하며 재빨리 그녀에게 키스했다. 깜짝 놀라 도망쳤던 부인이 얼마 후, 남편과 함께 손님방으로 돌아왔다.

주인이 손님을 향해 정중하게 말했다.

"손님께서 통증을 멎게 하는 좋은 방법을 알고 계시다고 들었습니다. 저의 두통을 멎게 해 주십시오. 실은 신경통으로 미골이 쑤셔서 견딜 수가 없습니다."

선수

라자르시타인과 마그누스는 공통으로 여자 하나를 농락했는데 그 여자에게서 쌍둥이가 태어났다. 한데 누구 아이인지 분명치 않아서 할 수 없이 양육비를 둘이서 공동으로 부담하

기로 했다.

한번은, 쌍둥이 가운데 하나가 병으로 죽고 말았다. 그래서 라자르시타인은 슬프게 울면서 마그누스에게 말했다.

"가엾게도 내 아이가 죽었네!"

사실무근

코온과 레비가 공동으로 경영하던 회사가 도산되었다. 코온이 풀이 죽어 있자, 레비가 위로하며 말했다.

"그래도 자넨 괜찮은 편이야. 나는 의지할 사람도 없는 외톨이야. 자네에겐 그래도 부인이 있다는데 부인은 최상품의 물건을 갖고 있으니까 말이야."

그러자 코온이 격분하여 레비의 멱살을 잡았다.

"네 놈은 친구의 아내와 간통하는 놈이군!"

그래서 레비는 당황했지만, 정색으로 말했다.

"천만에. 자넬 위로하려고 한 말일 뿐이야. 그렇게 화낼 것까지는 없지 않은가. 그렇지만 꼭 고백하라고 한다면 털어놓겠는데 자네 부인의 경우 실상 최상품이라고는 할 수 없거든."

랍비가 어떤 사나이에게 물었다.

"만일 당신의 부인이 벙어리인데, 어느 날 갑자기 말을 할수 있게 되었다면 당신은 기적을 믿겠소?"

"아니오. 랍비님, 믿을 수 없습니다. 그러나 아내가 갑자기 벙어리가 된다면 기적이라고 밖에 생각할 수가 없습니다."

물고기 마음은 물에 있다.

경비병

유태인인 울프는 페테르부르크의 국립은행 입구에 경비병 한 명이 보초를 서고 있는 것을 보고는 이상하다는 듯이 옆 사람에게 물었다.

"나라의 귀중한 재산을 지키는데 경비병 한 사람으로 충분할까?"

"금고에 접근하는 사람은 아무도 없으니까. 한 명으로도 충분해."

"그렇다면 한명의 경비병도 세워 둘 필요가 없지 않은가?"

"모르는 소리. 저 녀석을 저기 세워둠으로써 다른 곳에서 도둑질을 하지 못하게 하는 거지."

촌지

전쟁으로 인해 식량사정이 극도로 좋지 않을 때 물가를 통제하고 있음에도 불구하고 유태인 멘데르는 오리 한 마리에 2백 크로네라는 비싼 값을 받아 크게 돈벌이를 하고 있었다.

그래서 이웃집 사나이가 그 흉내를 내어 신문에 광고를 냈더니 손님이 오기 전에 경찰관이 먼저 알고 찾아와 오리를 전부 압수해 가고 말았다.

그 사나이는 탄식하며 멘데르를 찾아갔다.

"멘데르씨, 당신의 오리가 압수당하지 않는 것은 무슨 수를 썼기 때문인가요?"

"광고를 어떻게 내었습니까?"

"그냥 오리 한 마리에 2백 크로네씩 팔겠다고 냈었지요."

"그런 바보 같은 짓이 어디 있습니까. 나처럼 다음과 같이 내야지요."

『그 일요일 아침, 교회광장에서 2백 크로네 분실. 그것을 찾아 주시는 분에게는 그 사례로 오리 한 마리를 드리겠습니다』

그렇게 냈더니 다음 날 많은 사람들이 2백 크로네를 가지고 오더라고 말했다.

이상한 계산

술이 먹고 싶은 이반이 이웃에 사는 유태인에게 1루불을 빌리려고 했다. 유태인은 조건으로 원금은 내년 봄에 돌려주되 이자를 쳐서 2루불을 받겠다는 것이었다.

그래서 그 담보로 이반은 도끼를 맡기기로 되었다. 이반이 승낙하고 돌아가려 하자, 유태인이 그를 불러 세웠다.

"잠깐, 생각난 것이 있는데, 당신이 봄에 2루불을 갚으려면 벅찰 것이오. 그러니까 미리 반만 갚아 두는 게 어떻소?"

이반은 그것도 그럴 듯 싶어서 1루불을 유태인에게 갚았다. 잠시 후 이반은 고개를 갸우뚱하면서,

"좀 이상한데, 애써 빌린 1루불은 반을 미리 갚느라고 없어졌는데다, 도끼도 빼앗기고 내년 봄에 또다시 1루불을 갚아야 한다니, 그렇다고 유태인의 말이 틀린 것도 아니고, 그것참 이상한 일이군." 라고 중얼거렸다.

거짓말과 참말

역의 플랫폼에 두 유태인이 이야기를 나누고 있었다.

"어디를 가시려고 나오셨습니까?"

"잠깐 바르샤바에 다녀올까 해서요. 목재를 좀 사려고요."

"그런 거짓말은 하지 않아도 될 텐데요. 당신이 바르샤바로 목재를 사러 간다고 할 때에는, 렘베르크로 곡물을 사러 간다는 것 쯤은 알고 있습니다. 그러나 오늘은 정말 바르샤바로 목재를 사러 간다는 것을 알고 있습니다. 거짓말을 하지 않아도 되지 않겠어요?"

억울한 죄

어떤 손님이 불평스럽게 주인에게 물었다.

"이봐요, 이래가지고도 시계방을 해먹을 작정이오?

이 시계를 수리하기 전에는 빠르거나 늦거나 하긴 했어도 가고 있긴 했어요. 한데 여기서 수리를 한 뒤로는 아주 멈춘 채 가질 않고 있소."

"손님, 그걸 억울한 죄라고 하는 겁니다. 모세에게 맹세하고 말씀드리겠는데, 나는 손님의 시계에는 손끝도 대지 않았습니다."

9와6

"그린 씨 사업을 확장해야 할 일이 생겼는데, 1만 실링만 융통해 줄 수 없을까요?"

"브라운 씨, 당신의 사업을 위해서라면 기꺼이 융통해 드리지요."

"그럼, 이자는 몇 부면 되겠습니까?"

"9부로 하면 되겠습니다."

"그건 너무 비쌉니다. 유태인끼리 9부라니 너무 하지 않습니까? 하나님께서 보시면 뭐라고 하시겠습니까?"

그 말에 그린 씨는 태연하게 대답했다.

"하늘에서 하나님이 보시면 9가 6으로 보일 겁니다."

주님만이 알고 계시다

한 유태인이 도매상에서 물건을 사고 대금을 어음으로 지불했다.

도매상 주인은 그 거래를 감사하는 마음으로 장갑 한 켤레를 유태인에게 주었다.

그러자, 유태인은 투덜거렸다.

"겨우 이걸 선물이라고 주는 거요?"

"그렇다고 설마 방금 준 어음을 선물로 달라는 건 아니겠지."

도매상 주인이 농담 삼아 말하자, 유태인은 당황해서 말했다.

"천만의 말씀. 그 어음을 받기보다는 이 장갑이 훨씬 낫죠."

신용

걱정스런 얼굴을 하고 있던 어떤 사장이 경리과장에게 물었다.

"로젠쯔바이크의 회계담당자가 10만 마르크를 횡령해 가지고 줄행랑을 친 모양이야. 덕분에 그 회사는 지불정지를 당한 모양인데, 우리 회사의 거래는 얼마나 되는가?"

"그 회사와는 벌써 1년 이상이나 거래가 없습니다."

"정말 다행이군. 한데 베를린의 나하트리히트 회사도 같은 모양인데, 우리 회사하고의 거래액은 얼마나 남아 있지?"

"매상금은 완전히 회수가 끝났습니다."

"그럼 슈바르쯔 회사와의 거래는?"

"네, 그쪽도 문제가 없습니다."

"그리고 벤셔 상회도 어떤 사건이 터졌다고 들었는데?"

"그 상회와는 거래한 적이 없습니다."

그러자, 사장이 불만스럽게 말했다.

"이봐, 우리 회사는 대체 어느 회사와 거래를 하고 있는 거야?"

조달

질버시타인이자기 아들에게 서양철학을 가르치고 있었다.

"만일, 파산하게 되었을 때는 명랑한 얼굴을 하고 아무 일도 없었던 것처럼 꾸미는 거야 알겠니?

한 예로 유태인 여자가 닭 한 마리를 도둑맞았다고 하자. 그럴 때 그녀는 슬쩍 이웃집 닭을 한 마리 안아 오면 되거든. 그러면 이웃집 여자도 또 다른 이웃집의 닭을 훔쳐오게 마련이지. 결국 어디에선가 닭 한 마리가 부족하게 되는 셈이지만, 유태인 여자의 닭은 전과 마찬가지가 되지. 한데, 도둑맞았다고 허둥대고 떠들면 어떻게 되는지 알겠니?

근처에 있는 닭장들은 열쇠가 채워지고, 그러면 자기혼자만 손해를 보게 되는 거야."

반값

어느 가난한 유태인 마을에서, 그 마을 출신으로써 크게 성공한 석탄상인에게 석탄 여섯 마차 분을 기증해 달라는 부탁을 했다.

그런데 석탄상인은 한 가지 꾀를 내어 생색도 내고 손해도 적게 보는 묘책을 생각해 냈다.

"나도 장사꾼이니까, 물건을 그냥 줄 수는 없습니다. 그렇지만 고향에서 모처럼 부탁하는 일이니 값을 반으로 깎아서 드리겠습니다."

해서 마을의 이장은 우선 마차 3대분의 석탄을 주문했다.

한데 몇 달이 지나도 석탄 값을 비불하지 않을 뿐만 아니라, 추가 주문도 오지 않았으므로 석탄상인은 독촉장을 보냈다.

그런 얼마 후 마을 이장으로부터 회신이 왔다.

[전략. 귀하의 독촉은 이해하기 어렵습니다. 우리 마을은 귀하로부터는 6대분의 석탄을 반값으로 납입하겠다는 약속을 받은 바 있으며, 3대 분의 석탄은 무상으로 공급하겠다는 것으로 해석됩니다. 3대분은 이미 납품을 하셨으므로 나머지 3대분을 청구하지 않기로 했습니다. 이하 생략.]

경제의 기적

폴란드의 바르샤바에서 한 유태인이 자랑스럽게 말하고 있었다.

"모이세 씨, 내 바지를 좀 보십시오. 생각하기에 따라 이런 것도 경제의 기적이라고 할 수밖에 없다고 생각합니다. 오스트리아에서는 수백만 마리의 양떼가 사육됨으로써, 그 덕분에 수천 명의 양치기가 밥을 먹고 있습니다. 그 양털이 스코틀랜드까지 운반되고 그곳에서 수만 명의 직공과 수백 명의 공장경영자가 방직업으로 살아갑니다. 그 다음에 천은 폴란드에 팔리고, 이 나라에서는 의류공장에서 수천 명의 공원이나 재봉사가 일하고 있습니다. 완성된 제품은 도매점에 납품되고 상인들은 그 덕분에 장사를 하고 있습니다. 그리고 소매점으로 가게 되는데, 내가 이 바지를 카드로 사서 비벼 뭉개는 것이니까요."

돈 빌리는 기술

그린이 친구인 브라운을 만났다.
"이봐, 잠시 50마르크만 빌려 줄 수 있겠나?"

"좋아, 빌려주지."

브라운은 50마르크를 그린에게 빌려 주었다. 그로부터 열흘쯤 지나서 두 사람이 만났다.

"여보게, 자넨 나한테 50마르크를 더 보태서 1백 마르크로 채워줄 수 없겠나?"

"좋아."

또 얼마 후 두 사람이 만났다.

"이보게, 내가 분명히 자네에게 1백 마르크를 빌렸었지?"

"빌렸지."

"그렇다면 1백 마르크를 보태서 2백 마르크를 빌려 줬으면 좋겠는데."

"자네가 꼭 필요하다면 할 수 없는 일이지."

다시 그로부터 2주일이 지났을 때, 두 사람이 또 만나자 그린이,

"여보게, 내가 자네한테 2백 마르크의 빚이 있지?" 라고 물었다.

"천만에, 자네에겐 돈 빌려 준 적이 없는데."

칼 사는 법

농부들이 칼을 살 때에는 대개 세 가지 시험을 본다.

먼저 솜털을 날려서 잘라본다.

그것에 합격하면, 다음은 돌에 부딪쳐 보아 불꽃이 튕기는가를 확인한다.

그것도 합격하면 마지막으로 주위를 둘러보고 칼을 옷 속에 몰래 감춘다. 그것이 잘 안되면 칼을 돌려주는 수 밖에 없다.

경험

"골드베르크 씨가 이번에 사업을 시작하면서 당신을 동업자로 삼았다고 하던데, 한 푼도 없는 당신을 용케도 파트너로 삼았군요."

"이봐, 남을 깔보지 마라. 나는 돈은 없지만 경험만은 풍부하니까."

"하지만 얼마 후에 당신이 돈을 움켜쥐게 되고, 골드베르크 씨는 한 가지 경험을 얻게 되겠지요."

수금사원

카안이 경찰에 호소했다.

"사기꾼이 나의 대리인이라고 속여 10만 프랑이나 되는 돈을 여기저기서 수금해 가지고 도망쳤습니다. 10프랑이면 다른 수금사원 전부가 뛰어 다니며 수금해도 수금되지 않는 큰 돈입니다. 긴급 수배해서 놈을 잡아 주십시오."

그러자 경찰관은 안됐다는 듯이 말했다.

"알았습니다. 곧 체포해서 감옥에 넣겠습니다."

경찰관의 말을 들은 카안은 당황해서 말했다.

"잡아넣다니요? 그러면 곤란합니다. 그럼 그 사람을 수금사원으로 채용해야 하니까요."

동료

재판관이 사기꾼을 심문했다.

"이 사기행위를 단독으로 했는가?"

"저는 혼자서 일을 하기로 작정하고 있습니다. 동료 같은 게 있으면 신용할 수 있을 놈인지 믿어지지 않으니까요."

용도

세관원과 여행자가 옥신각신하고 있었다.

"그 보따리는 무엇입니까?"

"이건 닭에게 주는 사료입니다."

"어디 좀 봅시다. 이건 원두커피가 아닙니까? 이게 어떻게 닭의 사료가 됩니까?"

"닭이 원두커피를 먹지 않는다고요? 그럼 사료로 하는 건 그만둬야겠군요."

장사

그린 씨의 사업이 도산 당했다는 소식을 듣고 거래처의 브라운 씨가 부랴부랴 달려왔다.

"그린 씨, 오래 거래를 해왔고 또 나는 당신의 친구이기도 한데 나한테 큰 손해를 입히지는 않겠지요?"

"그럼요. 그런 걱정은 하지 않아도 돼요. 당신에게는 손해를 입히지 않게끔 미리 손을 써 놓았어요. 다른 채권자에게 50퍼센트만 지불하겠다고 했지만, 다행히 당신에게서 납품 받은 물건은 손도 대지 않고 그냥 두었으니까요."

"뭐라고요? 설마 당신이 그 물건을 그대로 내게 돌려주지는 않겠죠? 그렇게 된다면 나는 큰 손해요. 그린 씨, 나한테는 30퍼센트만 지불해 줘도 좋습니다."

역수

변호사를 찾아온 한 남자가,

"변호사님, 소송이 시작되기 전에 재판관에게 살이 잘 오른 오리 한 마리를 명함에 붙여서 보내는 것이 어떨까요?" 라고 말했다.

"어림도 없는 소리 하지 마시오. 그런 짓을 하면 뇌물을 바친 죄까지 범하게 되므로 재판은 당신에게 불리해질 것이오!"

그 재판이 결국 승소가 되었으므로 사나이는 크게 기뻐하며 변호사에게 말했다.

"그때 선생님께서는 반대하셨지만, 저는 재판관에게 오리 한 마리를 보냈었습니다."

그 말을 듣자 변호사는 깜짝 놀라며 말했다.

"그 청렴하기로 이름난 판사님이 잠자코 있으리라고는 믿어지지 않는데요."

"그러니까 저는 소송을 걸어온 상대방의 이름을 썼지요."

묘수

한 유태인의 오스트리아의 빈에 살고 있는 유명한 의사에게 전보를 쳐서, 진찰비를 지불할 테니 중병에 걸려 있는 아내를 진찰해 달라고 부탁했다.

명의로 소문난 노오트라겔 씨는 그렇다면 어디 한번 진찰해 보지, 하고는 일어났다. 그가 전보를 친 마을 역에 도착하자 상복을 입고 마중을 나온 유태인은 눈물을 흘리며 말했다.

"멀리까지 오셨는데, 제 아내는 복이 없는지 저 세상으로 떠나 버리고 말았습니다. 하지만 선생님에게 누를 끼치지는 않겠습니다. 마을 공회당에 마을에서 병을 앓고 있는 사람들을 모아 두었으므로 진찰해 주십시오. 약속대로 왕진료는 드리겠습니다."

노오트라겔 씨는 모처럼의 간청을 뿌리칠 수 없어서 많은 환자를 진찰해 주었다. 다음 날 빈으로 돌아가는 노오트나겔 씨를 역까지 전송 나온 유태인이 말했다.

"선생님, 사실은 저 혼자서는 그 많은 왕진료를 부담할 수 없었으므로 어제 보아 주신 많은 환자들 틈에 아내도 있게 했었거든요."

코온이 변호사를 찾아가서 말했다.

"저 그린이란 놈이 아주 나쁜 놈입니다. 2천 길더를 즉각 갚지 않으면 고소하겠다고 저를 위협합니다. 하지만 저는 2천 길더를 그에게서 빌린 기억이 없습니다."

"그렇다면 이야기는 간단하지."

변호사는 서기에게 명하여 편지를 받아쓰게 했다.

[...... 귀하에 대한 채무가 전혀 없음에도 불구하고 빚을 갚지 않는다고 고소하는 것은......]

"잠깐만 기다려 주십시오. 어디서 법률을 배우셨는지 모르겠지만 그건 큰 착각이십니다. 서기님, 죄송하지만 이런 식으로 써 주십시오."

하고 나서 코온은 불려 나갔다.

[...... 귀하의 채무, 2천 길더는 이미 변제 되었음에도 불구하고 고소를 제기한다는 것은......]

"당신은 돈을 빌린 적이 없다고 하지 않았소?"

"변호사님 말씀대로 한다면 그림이 증인을 찾으면 될 것입니다. 하지만 내가 쓰는 편지처럼 하면 증인은 이쪽에서 세우게 되고, 반제하는 현장을 증명하는 두 사람은 내 쪽에서 알아서 세우면 되지 않겠어요?"

살아 있는 말의 눈알 뽑기

항구도시 아코바에는 도둑질하기로 유명한 루마니아계 유태인이 많이 살고 있어서 뷔페레스트 라는 말을 따서 아크바레스트 라고 까지 불리어지고 있다. 그래서 아코바에서 양복을 맞추면 주머니를 모두 꿰매둔다고 한다.

텔아비브의 고물상 진열장 앞에서 세 사람의 유태인이 값진 회중시계를 바라보고 있었다. 옛날부터 그곳에서 살고 있던 토박이 유태인이 부러운 듯이 말했다.

"나도 곧 이런 시계를 갖게 되겠지."

장사를 잘한다는 폴란드계 유태인이 자랑스럽게 말했다.

"나는 이런 시계는 이미 가지고 있어."

그러자 루마니아계 유태인이 작은 소리로 일러주었다.

"가지고 있던 적이 있다고 해야지."

거스름 돈

독일계 유태인과 루마니아계 유태인이 매점 앞에 선 채로 주스를 마시고 있었다.

루마니아계 유태인은 주스 대금인 피아스톨을 동전 다섯 개로 지불했고 독일계 유태인은 1파운드짜리 지폐로 지불했다.

한데 매점의 점원이 착각하고 거스름돈을 루마니아계 유태인에게 주고 말았다.

이엣케란 이름을 가진 유태인이 따지고 들었다. 그런데 루마니아계 유태인은 태연하게 거스름돈을 주머니에 챙겨 넣고 그 자리를 떠나려고 했다.

이엣케가 점원을 향해서 거스름돈을 요구했다. 그러자, 자신이 착각했음을 깨달은 점원은 유태인을 찾아가 거스름돈 도둑이라고 욕을 퍼부었다.

그러자 루마니아계 유태인은 얼굴색 하나 변하지 않고,

"당신 가게의 주스 값이 몇 푼 하는 건지 내가 알 턱이 없잖아?" 라고 말했다.

날벼락

텔아비브의 루마니아 요리 집에 손님이 한 사람 들어와 외투를 벽에 걸고 좌석에 앉았다. 그리고는 보일드 비프(소고기 요리)를 주문했다. 종업원이 잠시 후에 다가와 말했다.

"죄송합니다. 벌써 떨어졌습니다."

그래서 할 수 없이 비프까스를 주문하자, 다시 한참 만에

종업원이 말했다.

"비프까스도 떨어졌습니다."

손님은 화가 나서 말했다.

"그럼 다 필요 없으니 내 외투나 가지고 와!"

그러자 종업원이 대답했다.

"외투도 없어졌는데요."

특제성냥

"독일계 유태인과 폴란드계 유태인을 구별하는 방법이 없을까?"

하고 이스라엘로 이민 온 지 얼마 되지 않은 코온이 그보다 먼저 이민 온 친구에게 물었다.

그렇다면 가르쳐 주겠다고 하며 친구는 코온을 쇼핑하는 데로 데리고 갔다.

그들은 먼저 독일계 유태인이 경영하는 잡화점에 들어가 성냥 한 통을 사려고 했다. 성냥 통을 열어 본 친구는,

"이런 성냥 말구요. 내가 원하는 건 성냥개비의 머리가 반대 방향으로 들어있는 것이오." 라며 돌려주었다.

그러자 잡화상 주인은 선반에서 다른 성냥갑을 꺼내 보아

도 모두가 똑같은 방향으로 성냥의 머리가 향해져 있어 당황
했다.

두 번째 들어간 곳이 폴란드계 유태인의 잡화상이었다. 그
들이 이번에도 트집을 잡자, 상점 주인은 책상 밑에 감추고
안쪽을 슬쩍 바꾸어 가지고 그들 앞에 내밀며 말했다.

"이것이 원하시는 성냥입니다. 하지만 특제이므로 2할쯤
비싼데요."

즉효

기차 안에서 유태인이 소금에 절인 청어를 먹고 있었다. 먹
다 남은 머리 부분을 신문지로 싸고 있자니, 건너편에 앉아
있었던 폴란드인이 유태인에게 물었다.

"우리도 소금에 절인 청어를 늘 먹고 있지만 특히 머리 부
분을 먹으면 머리가 좋아진다고 하더군요."

"그러면 이 머리 부분을 사시지요?"

"그렇지 않아도 그걸 집에 가지고 가서 아이들에게 먹였으
면 하고 생각했는데....... 좋습니다. 하나에 1즈로티 라면 사
겠습니다."

결국 폴란드인은 5즈로티를 내고 청어 머리 5개를 받았다.

먹기 힘든 것을 참고 다 발라먹은 폴란드인은 얼마 후 불쾌한 표정을 짓고 있다가 토해내듯이 말했다.

"당신도 참 지독한 사람이군요. 5즈로티 라면 다음 역에서 청어 다섯 마리를 사더라도 거스름돈을 받을 것이오."

그러자 유태인이 말했다.

"벌써 머리가 좋아지셨군요?"

강통

어떤 채권자가 채무자에게 빚 독촉을 하며 말했다.

"당신에게 빌려준 1천 프랑을 언제 갚겠소?"

"나는 채권자를 세 가지로 나누고 있습니다. 하나는 어떻게든지 돈을 마련해서 갚아 주어야 할 상대, 다른 하나는 내가 갚을 때까지 기다려 주는 상대, 끝으로 안 갚아도 그만인 상대지요."

"그럼, 나는 몇 번째 상대입니까?"

"지금은 당신을 첫 번째 상대로 보고 있지만 심하게 굴면 마지막 상대가 되며, 한번 그렇게 되면 절대로 바뀌지 않습니다."

3단 논법

카페에서 손님이 애플파이를 주문했다. 보이가 파이를 가지고 오자, 손님은 생각이 달라졌다고 하며 파이를 돌려보내고 브랜디를 한 잔 주문했다. 손님은 브랜디를 한 입에 들이키고는 그냥 돌아가려고 했다.

그래서 종업원이 그를 붙들었다.

"손님, 브랜디 값을 내지 않았는데요?"

그러자 손님이 태연하게 말했다.

"그 대신 아까 애플파이를 돌려주지 않았느냐?"

"그 파이의 대금도 받은 적이 없는데요?"

"당연하지. 내가 먹지 않았으니까 말이야."

기적

어떤 유태인이 큰 병을 가지고 있는 것을 본 세관원이 그 안에 무엇이 들어 있느냐고 물었더니 룰르드의 물이 들어 있다고 했다. 룰르드는 프랑스에 있는 가톨릭의 성지로부터 그 물은 영험이 있다는 것이었다.

유태인의 말을 믿지 않는 관리가 병마개를 열어보니 그것은 꼬냑이었다.

"아, 기적이 일어났군!"

하고 유태인은 놀란 눈을 했다.

돈에 원한은 없으나

장례식

"코펠 랍비가 돌아가셨는데 자네도 그 장례식에 참석할 텐가?"

"아니야. 내 장례식에 못 올 사람의 장례식에 갈 필요는 없잖아."

복권

한 유태인이 경건하게 기도를 드리고 있었다.

"저에게 제발 1만 루불짜리 복권에 당첨되게 해 주십시오. 만일 당첨만 된다면 그 중의 10분의 1은 가난한 사람을 위해

내놓겠습니다. 하나님께서 저를 의심한다면 10분의 1을 미리 떼셔도 좋습니다.

시(市)의 값

유태인들은 안식일에 자기 소유지 이외에서 짐을 들고 다니는 일이 금지되어 있다. 그 습관은 생활상 아주 불편하므로 안식일에는 마을 주위에 울타리를 쳤다. 그 울타리 내부는 형식적으로 유태인의 소유지가 되므로, 안식일에 자기 집에서는 짐을 들고 다녀도 괜찮은 것이 된다.

한번은 믿음이 독실한 유태인이 지구 교단의 명을 받아 오펜바하(서독 프랑크푸르트 시 가까이에 있는 작은 도시)의 토지 등기소를 찾아갔다. 안식일을 위해 형식적으로 오펜바하 시의 매수를 교섭하러 왔던 것이다.

유태인이 20마르크를 내겠다고 하자, 등기소의 관리를 놀리는 것으로 알았다. 그러나 자세한 이야기를 들어보니 유태인의 하는 말이 진심인데다가 형식적인 매매가 법률적으로나 실용면 에서도 조금도 시민에게 누를 끼치는 일이 아님을 알자 20마르크를 받고 형식적인 매수를 허용했다.

그렇게 일단 매매수속이 끝나자 관리가 유태인에게,

"보시오. 50마르크를 낸다면 프랑크푸르트 시도 당신에게 팔지요."

말 값

말을 앙케프가 집으로 돌아오다가 갑자기 폭풍을 만나게 되었다. 말은 겁을 내어 한 걸음도 움직이려 하지 않았다. 난처해진 하나님께 빌었다.

'오, 하나님. 제발 무사하게 폭풍을 멎게 해 주십시오. 제 소원을 들어주신다면 이 말을 팔아 그 돈을 모두 하나님을 위해 쓰겠습니다.'

그의 말이 하나님께 통해서인지 폭풍이 씻은 듯이 지나가 버렸다. 앙케프는 하나님과 한 약속을 지켜야 했으므로 다시 말을 몰고 시장에 나타났는데 왼쪽 손에는 닭도 한 마리 들고 있었다. 그것을 본 한 농부가 다가오면서 물었다.

"여보시오, 그 말을 팔겠소?"

"그렇소. 그러나 이 닭하고 함께 사는 사람한테만 팔겠소."

"그럼 합해서 얼마에 팔겠소?"

"닭은 50루불 이고 말은 1루불 이오."

반액 할인

한 유태인이 일해서는 안 되는 안식일에 자기네 가게 앞에서서 손님을 향해 소리치고 있었다.

"자아, 어서 오십시오. 반액 할인해서 모든 물건을 팝니다!"

그러자 지나가던 믿음이 독실한 유태인이 이맛살을 찌푸리며 그 가게 주인을 나무랬다.

"여보시오. 오늘이 안식일인데 장사를 하고 있소?"

"농담 마시오. 반액할인으로 장사가 될 것 같소?"

소망

한 가난한 유태인이,

'나는, 이 도시에서 유일한 거지가 되고 싶다!'

라고 말했다. 그 말을 들은 친구들이 깜짝 놀라 물었다.

"형편이 어렵더라도 일부러 거지가 되겠다니 말이 되는가?"

"이 도시가 자선사업을 위해서 일 년에 돈을 얼마나 쓰고 있는지 알기나 해? 자그만 치 1루불이야. 그 돈이 몽땅 나한테 올 거라고."

훈장의 가치

러시아에서 사는 유태인 병사가 무공을 세워 훈장을 받게 되었다. 한데, 그에게 게오르기 십자훈장을 받을 것인가, 아니면 1백 루불을 받을 것인가를 선택하라고 했다.

그러자 유태인 병사는 장교에게 물었다.

"게오르기 훈장이란 값이 얼마나 나가는 것입니까?"

"그걸 말이라고 하나? 훈장은 명예의 표정이지 돈의 가치는 없어, 단 1루불의 가치도."

"그렇다면 99루불과 훈장을 받을 수는 없을까요?"

투기의 요령

돈벌이를 잘하는 유태인에게 한 사나이가 물었다.

"시기 씨, 투기하는데도 요령이 있는가요?"

"있고말고요. 그 예로, 계란 값이 올라 양계장을 차렸다고 합니다. 한데 장마가 계속되어 홍수가 나고 물에 빠져 죽었다고 칩시다. 그런데 투기에 요령이 있는 사람은 미리 오리를 기르고 있었단 말이오."

누이 좋고 매부 좋고

어떤 유태인 상점 주인이 아내에게 말했다.

"이봐, 장사가 잘 안 될 땐 가게를 열고 전등을 밝힌 후, 흥겨운 척 하는 거야. 그리고 매상이 좋았던 날에는 촛불 하나만 킨 채 조용히 있는 거야."

그의 아내는 남편의 말뜻을 알아차리지 못하고 물었다.

"여보, 그건 정반대가 아니에요?"

그러자 남편이 말했다.

"저래서 여자는 소견이 좁다는 거야. 우리 가게의 매상이 올랐을 때에는 다른 사람에게 은밀하게 해두지 않으면 안 돼.

전등이 밝게 켜져 있으면 남들은 우리가 돈을 잘 벌고 있으려니 생각하고 배 아파 할 것이지만 촛불 하나만 켜 두면 장사가 신통치 않다고 생각하니 기분 좋게 생각할 것이 아닌가. 그러면 우리가 기뻐할 때는 다른 사람들도 기뻐하게 될 것이 아닌가 말이야."

성장

어느 유태인 상점에 아동복을 사러 온 손님이 물건을 고르면서 주인에게 물었다.

"이 천은 세탁해도 줄지 않을까요?"

"그럼요. 그것은 우리 가게에 있는 것 중에 최고급품이어서 절대로 줄지 않는다고 보장해 드리겠습니다. 조금도 걱정할 것 없습니다.

한데, 일주일 쯤 지나 그 상점에서 산 옷을 세탁했더니 볼품없이 줄어들었다. 아동복을 샀던 남자는 유태인 상점으로 찾아가 항의했다.

"최고급 옷이 이 꼴이요? 어떻게 하겠소?"

그러자 유태인은 태연하게, 줄어든 옷을 입은 어린 아이를 쓰다듬으면서 말했다.

"정말 귀엽구나. 일주일 전에 비해 몰라보게 자랐군."

진짜 장사꾼

구멍가게를 가지고 있는 유태인이 중병에 걸려 임종의 상태에 빠졌다. 가족 일동이 베게 옆에 모여 침통한 기분으로 지켜보고 있었다.

그 유태인이 가족들을 둘러보며 힘들여 말했다.

"여보, 당신 어디 있소?"

"여기 있어요. 여보."

"내 아들은?"

"여기 있어요. 아버님!"

"내 딸은?"

"저도 여기 있어요!"

그러자 유태인은 마지막 숨을 몰아쉬며 일어나려고 했다. 그리고는 목구멍의 가래를 내뱉듯이,

"그럼 가게는 누가 보고 있단 말이냐!"

하고는 혀를 톡 찼다.

정의

유태인 장사꾼이 코프시타인이 거래상의 문제로 재판을 받게 되었는데, 갑작스런 일이 생겨 여행을 떠나게 되었다. 그리고 소송 결과는 행선지에 묵고 있는 호텔에 전보로 알려달라고 변호사에게 부탁해 두었다. 그에게 반가운 소식이 전해졌다.

"역시 정의가 승리했다."

그래서 코프시타인은 바로 전보를 쳤다.

"즉각 항소하시오."

물건 사는 법

"이 상의는 얼마요?"

"12길더입니다." 그러자 손님이 머릿속으로 계산을 하기 시작했다.

"12길더라는 값을 매겼으면 사실은 10길더가 정찰일 것이다. 그렇다면 8길더까지는 깎일 각오를 하고 있겠지. 하여 나는 4길더 밖에 지불할 생각이 없으니 2길더라면 사겠다고 말해야겠군."

대용품

새로 채용한 점원에게 주인이 장사하는 요령을 가르치고 있었다.

"예, 손님이 원하는 물건이 가게에 없다는 이유만으로 찾아온 손님을 돌아가게 해서는 안 되는 거다. 훌륭한 장사꾼이란 반드시 무언가 대용품을 손님에게 팔아야만 되는 거야. 알겠냐?"

점원이 가게를 보고 있는데 한 손님이 찾아 왔다.

"화장지가 필요한데 있어요?"

"이거 죄송합니다. 마침 떨어져서......"

점원은 그제야 주인이 한 말이 생각났다. 그래서

"손님, 화장지는 떨어졌지만...... 최고급 맨드페이퍼(사포)는 어때요?"

첫 일

"오랜만이군. 그래 경기가 어떤가?"

"골칫거리가 생겨서, 그것만 없으면 그런대로 견딜만한데."

"나처럼 귀찮은 일은 모두 변호사에게 맡기면 되지 않는가.
5천 길더만 주면 걱정거리는 무엇이든지 척척 해결해 주니까."

"한데 그 5천 길더가 문제야.
그것이 변호사의 첫 일이 되는 거야."

피장파장

"여기서 한 마리에 40페니 받는 청어가 건너편 가게에선 20페니에 팔더군요."

"그렇다면 그 쪽 가게에 가서 사지 그래요."

"한데, 지금은 모두 팔리고 없소."

"그래요? 우리 가게에서도 다 팔린 다음에는 20페니에 드리죠."

바닷물 목욕탕

상인인 유태인 만데르케론 씨는 휴양 차 해변에 있는 호텔에 들었다. 돈을 조금 더 주고 바닷물을 데워 달래서 목욕을 한 후 베란다에서 바다를 내려다보니 마침 썰물 따라 갯벌이 드러나 있었다. 그것을 보고 한숨을 쉰 만데르케른 씨는,

'정말 경기가 좋은 장사 군. 이렇게 잘 되는 장사가 있을까.' 라고 말했다.

불요불급

한 유태인이 병이 위독해지자 침대 머리에서, 돈을 빌려간 사람들의 이름과 금액을 아들에게 불러주다 지쳐 목소리가 잠기게 되었다. 그러한 아버지를 격려하여 아들이 말했다.

"아버님 만일을 위해서 이쪽에서 돈을 빌려 쓴 사람의 이

름도 알아두었으면 하는데요?"

그러자 아버지는 힘없는 소리로 다음과 같이 말했다.

"그럴 필요 없다. 그 쪽에서 제 발로 찾아 올 테니까 말이다."

신의 보증

"요즘 돈이 없어 죽겠는데."

"너무 걱정하지 않아도 돼. 하나님께서 도와주실 테니까."

"그건 나도 알고 있어. 그러면 하나님을 보증하고 자네가 좀 융통해 주게나."

진의

사업의 거래를 끝낸 브로호씨가 상대방을 나무래는 듯이 말했다.

"나와의 경쟁자인 레비의 말로는, 당신은 참으로 예의바른 사람이어서 손님이 돌아갈 때에는 촛불을 켜들고 문밖까지 배웅해 준다고 들었는데, 나와 거래를 끝내고는 왜 배웅을 해

주지 않는 거요. 어음으로 지불한 레비는 전송하면서 현금으로 지불하는 나를 전송하지 않는다니 알 수 없군요."

"그건 어음을 발행한 사람이 문밖에서라도 넘어져 목뼈라도 부러지는 날이면 큰 손해를 보기 때문이지요."

최신식 기계

영국의 섬유산업의 중심지인 리즈에서 온 유태인이 폴란드의 섬유산업 중심지인 웃지에 사는 유태인에게 자랑스럽게 말했다.

"리즈의 공장들은 최신식 기계를 넣으면 옷이 되어 나온다고."

그 말을 듣고 있던 웃지의 유태인이 경멸하는 듯 한 얼굴로 대꾸했다.

"그런 건 이미 구식이야. 웃지에 있는 기계들은 양털을 넣으면 부도가 난 어음이 나온다고."

정직의 가치

"아빠, 『정직』이란 무슨 뜻인가요?"

"그건, 예를 들면, 전에 네가 20센트를 길에서 주었다고 하자 그런 사소한 돈을 경찰관에게 갖다 주어 보았자 아무 소용이 없어. 그러니까 자기 주머니에 넣는 게 좋을 거야. 하지만 1백 달러를 주었다고 하자. 그러면 경찰관에게 갖다 주어야지. 그러면 너는 정직한 사람이 되고, 그것이 큰 재산이 되지.

하지만 1만 달러를 주었을 땐 『정직』 따위를 따질 필요가 없는 거야."

뛰는 놈 위에 나는 놈

사장이 판매부장을 불러 상의했다.

"여름 바지가 1백 벌 이나 재고로 남았는데 어떻게 처분 할 수 없을까?"

"지방으로 발송하면 되지 않을까요?"

"철이 지나서 시골에서도 팔리지 않을 텐데."

"그렇다면, 짐을 이렇게 싸면 될 것입니다. 10벌씩 싸서 소매점에 견본을 보내는데 청구서는 8벌 분으로 냅니다. 하지만 손해가 없도록 정가를 올려서 말입니다. 그러면 소매점에서는 2벌이 잘못 계산되어 더 온 것으로 알고 8벌의 견본을 살 것입니다. 그러니까 그 점을 노리는 거죠."

사장은 판매부장의 말에 감탄하고, 바지를 발송하라고 지시를 했다.

한데 그로부터 일주일이 지나자 사장은 판매부장을 불러 호통을 쳤다.

"사표를 내시오! 소매점에서 바지를 사주기는커녕 2벌을 빼고 반품해 왔단 말이오!"

견본

유태 요리를 파는 식당은 대개 지저분하기로 소문나 있다.

한번은 식당에서 종업원이 손님에게 메뉴를 내밀려고 하자 손님이 말했다.

"메뉴는 필요 없어. 우선 국수가 들어간 스프를 가지고 와. 그 다음에는 삶은 쇠고기 디저트는 설탕에 저린 살구를 주고."

"손님께선 저희 집 메뉴를 외고 있군요."

"이 테이블보를 보고 다 알았어."

색의 변화

어느 레스토랑에서 손님이 급사장에게 물었다.

"여기서 전에 웨이트리스로 일하고 있던 금발머리의 귀여운 아가씨는 그만 둔 모양이군?"

"잘 아시는군요."

"오늘 스프에는 금발이 아니라 검은 머리카락이 빠져 있었기 때문일 뿐이야."

바보

유태인 3명이 레스토랑에서 음식을 주문했다.

"나는 홍차."

"나는 홍차에 레몬을 띄워서."

"나는 홍차를 깨끗이 씻은 잔에다."

잠시 후 웨이터가 홍차 석 잔을 가지고 와서 말했다.

"씻은 잔은 어느 분이 주문하셨어요?"

가여운 마음

한 유태인이 레스토랑에 들어와 비프스테이크를 주문하여
다 먹은 후 눈물을 흘리고 있었다.

주인이 이상하게 생각하여 그 이유를 묻자 유태인은 작은
소리로 대답했다.

"그렇게 큰 덩치를 한 소가 이렇게 작은 고기조각이 되기
위해 죽어야 했다는 생각을 하니 눈물이 흘러나온 겁니다."

자기기만

어떤 독일계 유태인이 시장에서 말라비틀어진 소를 팔려고
했지만 단돈 1파운드의 값을 불러도 사려는 사람이 없었다.

그것을 본 폴란드계 유태인이 동정해서 말했다.

"당신은 장사방법이 틀렸소. 내가 팔아 드리죠."

"자 여러분, 최고의 암소입니다. 사료 값이 들지 않고 기르
기도 쉽습니다. 게다가 우유가 풍부하게 나오는 암소가 단돈
4백 파운드입니다!"

그러자 살려는 사람들이 때지어 모여들어 폴란드계 유태인
을 둘러쌌다. 그것을 본 독일계 유태인은 깜짝 놀라 사람을

해치고 들어가 소의 고삐를 잡으면서 말하기를,

"농담하지 마시오. 이렇게 훌륭한 소를 누가 4백 파운드에 판단 말이오? 이건 내 소요. 내가 가지고 가겠소."

적십자

등산에 미치다 시피 한 브라운과 그린이 알프스의 아이가 북벽을 정복하려고 했으나 겨우 2백 미터쯤 올라가다가 그만 발을 헛디뎌 떨어지고 말았다. 그들은 다행히 자일이 바위 끝에 걸려 매달린 꼴이 되었다.

마침 스위스 구조대가 헬리콥터로 날아와 확성기로 두 사람을 격려했다.

"우리는 적십자 구조대입니다."

그러자 두 사람은 동시에 대답했다.

"기부금은 열심히 냈었습니다."

전보

로렌쯔바이크 부인이 여행을 떠난 남편으로부터 전보를 받았다.

[서부역 17시 30분 도착 방울뱀 가지고 감]

남편을 마중 나온 부인이 수하물을 살피면서 물었다.

"방울뱀은 어디다 넣었어요?"

"뱀 말이오? 전보요금이 같다고 하여 그냥 덧붙였을 뿐이야. 우체국에 공돈 줄 필요 없잖아."

벌금

어느 시골에서 올라온 유태인이 그 곳에서 가장 값싼 식당에서 30카페이카로 식사를 한 것까지는 좋았는데 밖으로 나오자마자 복통이 일었다.

거기에다 설사가 급한 나머지 공원의 나무그늘에 웅크리고 앉아 일을 보다가 경찰관에게 들켜 3루불의 벌금을 물고 말았다. 그 유태인은 투덜거렸다.

"밥값이 30카페이카 인데 용변 보는 값이 3루불이라니, 이건 해도 너무하지 않은가 말이야."

유태식 윤리

"아빠, 윤리란 뭘 말하는 거예요?"

"그건 한 예로 우리 집 가게에 손님이 온다고 하자. 그리고 60실링어치의 물건을 산다. 그때 1백 실링짜리 지폐를 내고 거스름돈을 받지 않고 돌아왔다고 하자. 윤리란 무엇인가 하는 설명이 거기에 들어 있다. 그러니까 아빠는, 그것을 주머니에 슬쩍 할 것이냐 아니면 동업자와 나누어 가질 것이냐 하는 것 말이다."

올챙이

유태인 소년 모리츠에게 그의 아버지가 물었다.

"애야, 둘에다 둘을 더하면 얼마냐?"

"그건 여섯."

"틀렸다. 넷이다."

"내가 넷이라고 대답했으면 아빠는 둘로 깎았을걸 뭐."

밥의 씨앗

변호사인 코온이 사위가 되는 청년 변호사에게 말했다.

"내 딸한테 혼수 감도 충분히 장만해 주지 못했으니 그 대신 자네에게 돈이 될 만한 유산상속의 소송사건을 한 건 인계해 주겠네."

그런 얼마 후 사위는 장인에게,

"장인어른, 그 소송사건은 이미 끝났습니다." 라고 말했다.

사위의 말을 들은 장인은 깜짝 놀라며,

"뭐라고? 바보 같은 짓을 했군. 나는 그 소송 덕분에 15년 동안을 걱정 없이 살아온 건데."

라고 가슴아파했다.

구액성서의 진미
- 에덴의 비밀 -

둘째 날

　　하나님께서 말씀하시길 『물 가운데 궁창이 있어 물과 물로 나뉘게 하리라』하시고 하나님이 궁창을 만드사 궁창 아래의 물과 궁창 위의 물로 나뉘게 하시매 그대로 되니라. 하나님이 궁창을 하늘이라 칭하시니라. 저녁이 되고 아침이 되니 이는 둘째 날이니라.(창세기 제1장 제6~8절)

　　하나님께서 말씀하시기를 『땅은 풀과 씨 맺는 채소와 각기 종류대로 씨 가진 열매 맺는 과목을 내라』하시매 그대로 되었도다.(창세기 제1장 11절)

　구약성서에 따르면 하나님은 식물을 만드실 때 맨 먼저 씨

앗을 만드셨다. 그 씨앗은 제각기 모두 달랐다. 유태인은 그
것은 씨앗이 다른 것 끼리 교배해서는 안 된다고 하는 교훈이
라고 풀이하고 있다. 인간은 물론 짐승을 상대로 성행위를 해
서는 안 되며 그것은 양이나 소의 경우에도 마찬가지다.

　유태인들은 이 세상을 하나님께서 창조하셨다고 믿고 있으
므로 하나님의 전지전능하심을 절실하게 느끼고 있다. 강과
바다에 사는 물고기에게 아가미를 주고 물에 사는 동물에게
는 폐를 주었다. 만일 그것이 뒤바뀌게 된다면 이 세상은 혼
란 속에 휩쓸려 버린다. 그토록 훌륭한 세상을 만들었다는 것
은 하나님이 위대하다는 증거라고 믿고 있는 것이다.

　또한 하나님께서 창조하신 것은 모두가 제 나름대로의 목
적을 지니고 있다. 가령 어떤 독초가 무엇 때문에 있는 것일
까 라고 생각되겠지만 그것은 산소를 뿜어내어 다른 생물의
호흡을 돕고 있다. 모든 생물은 서로 불가분의 관계를 맺으며
하나의 바퀴모양을 하고 있다. 그것이 바로 생물학인 것이다.
독초가 인간에게는 분명히 독이 될지도 모르지만, 그 밖의 다
른 생물에게는 도움이 되고 있는 것이다.

　그와 같이 하나님은 창조하신 하나하나에 제 나름대로의

목적을 부여해 놓고 있는 것이다.

성서 창세기에서는 하루가 끝날 때마다 반드시 『하나님이 보시기에 좋았더라』라고 쓰여져 있다. 그러나 둘째 날 만은 그 말을 하지 않고 있다. 그것은 그날, 하나님께서 육지와 바다를 나누었는데 그날 중에 완성을 보지 못하고 그 다음날까지 넘기셨기 때문이다. 그런 일로 연유해서 유태인들은 어떤 한 가지 일이 완성되거나 끝날 때까지는 절대로 『좋다』라는 말을 해서는 안 되는 것으로 알고 있다.

나도 다음과 같은 어렸을 때의 추억을 가지고 있다.

어느 날인가, 학교에서 돌아와 숙제를 끝내놓지 않고 놀고 있을 때 아버지께서,

"숙제는 다 했느냐?" 라고 물으셨다. 나는 어물거리다가,

"네, 대강 다 했습니다." 라고 대답했다. 그러자 아버지는 앞의 창세기 이야기를 하시며,

"다 끝내기 전에는 좋다고 할 수 없는 것이다." 라고 말씀하셨다.

그것에 대한 유태인의 또 한 가지 해석이 있다.

하나님은 둘째 날에 하늘 위의 물과 하늘 아래 물을 갈라 놓으셨다.

그것은 세상에는 필요한 것이지만, 갈라놓는 행위자체는 매우 부정적인 뜻이 된다. 가령 가정을 갈라놓는다, 나라를 갈라놓는다, 인종을 갈라놓는다고 할 때 바람직하지 못한 일이라는 뜻이 있으므로 하나님께서도 『보기에 좋았더라』고는 하지 않으셨다.

그 이야기는 꼭 갈라놓지 않아도 좋은 것, 또 마땅히 함께 있어야 하는 것 등 예를 들면 부부, 친구, 국가, 민족 등이 분열했을 때, 그것이 얼마나 큰 비극인가를 생각하게 하는 이야기다. 그 이야기에 대하여 또 한사람의 랍비가 의견을 말했다. 빛과 어둠은 이질적인 것이므로 갈라놓은 것은 당연하다.
둘째 날에는 둘이라는 동질의 것을 하늘과 땅에 갈라놓으셨으므로 설령 필요한 일이긴 해도 『보기에 좋았더라』라고는 말씀하지 않으셨다는 것이다.
그러자 이번에는 또 다른 랍비가 말했다.

"태양은 낮에 빛나고, 밤에는 달이 빛을 낸다. 그리고 태양은 밤에 절대로 볼 수 없지만 달은 낮에도 모습을 가끔 나타내는데 그것은 어째서인가?"
그 점에 대해 많은 논쟁이 벌어졌다.
태양과 달이 만들어 졌을 때 달은 하나님에게

"두 명의 요리사가 한 부엌에 있을 수 없는 것처럼 한 세상에 두 개의 위대한 빛이 있을 수는 없습니다." 라고 말했다. 그러자 하나님께서 "달아, 너는 나의 지혜를 의심하고 있구나." 하시며 그 벌로써 달을 작게 하시고 빛을 약하게 하셨다.

그러자 달은 하나님에게,

"하나님의 위대한 지혜를 의심하려한 것은 잘못이지만 제 말씀에도 일리는 있지 않습니까?" 라고 말했다.

하나님께서는 "분명히 너의 말도 일리는 있다. 나는 그런 식으로 이 세상을 만들었지만 미비한 점을 보충하기 위해 태양은 네가 빛을 내는 밤에는 나타날 수 없지만 너는 낮에도 나타날 수 있게 해 주겠다." 고 말씀하셨다.

앞의 이야기는 오랫동안 유태 어린아이들의 두뇌 운동으로 사용되어 왔다.

큰 빛과 작은 빛

하나님께서는 두 개의 큰 빛을 만드시어 큰 빛으로 낮을 비추게 하시고 작은 빛으로 밤을 비추게 하시고, 또 별들을 만드시고 하나님이 그것들을 하늘의 궁창에 두어 땅에 비치게 하시며 주야를 주관하게 하시며 빛과 어두움을 나뉘게 하시니라. 하나님이 보시기에 좋았더라. 저녁이 되고 아침이 되매 이는 넷째 날이니라. (제1장 제16~1절)

구약성서는 창세기에서부터 시작된다.

제1장 제1절에 『태초에 하나님이 천지만물을 창조하시니라』라고 쓰여 있는 것처럼 하나님은 6일 동안에 걸쳐 이 세상을 창조하셨다. 그러므로 마땅히 태양이 언제 만들어지고 달이 언제 만들어졌는가 하는 이야기가 나오지 않으면 안 된다. 한데 첫 페이지에는 『큰 빛으로 낮을 비추게 하시고 작은 빛으로 밤을 비추게 하시며』라고만 쓰여져 있을 뿐, 『태양』과 『달』이라는 말은 사용되어 있지 않다.

그것은 왜인가?

유태교는 유일신교이며 다른 민족, 예를 들어 이집트인 등은 태양신을 믿었으므로 태양이나 달은 유일신의 경쟁 상대였다. 그래서 태양을 『큰 빛』이라는 말로, 달을 『작은 빛』이란 말로 나타내려고 했던 것이다.

육식

하나님께서 말씀하시기를 『내가 온 세상의 씨 맺는 모든 채소와 씨가진 열매 맺는 모든 나무를 너희에게 주노니 너희 식물이 되리라』(제1장 제29절)

앞의 것은 잘못 번역된 것이며 헤브라이어로는 『너희들은 이것 이외의 음식물을 먹어서는 안 된다』고 되어 있다.

노아가 방주에서 내린 뒤 인간은 하나님으로부터 채소만이 아니라 육식을 해도 괜찮다는 허락을 받았다. 에덴동산 시대부터 노아의 홍수가 있기까지의 시기는 육식을 해서는 안 되었음에도 불구하고 하나님이 그것을 허락하신 것은 육식을 금한 결과 이 세상이 잘 되어 나가지 않았기 때문일 것이다. 그래서 하나님은 방침을 바꾸셨지만, 그때에 하나의 조건을 붙였다. 그것은 고기에 피가 들어가서는 안 되며, 고기를 먹는 것은 좋으나 동물이나 생선은 반드시 그들을 죽인 후에 그 고기를 먹어야 한다는 것이다.

그것은 오늘날까지도 지켜지고 있는데 일부 야만적인 인종은 생명이 붙어 있는 동물에서 살점을 떼 내어 먹는 종족도

있지만 유태인들은 『탈무드』에 나와 있는 것처럼 동물을 일
격에 죽이는 방법과 살에서 피를 완전히 빼는 방법을 아직까
지도 지켜오고 있었다.

안식일

천지와 만물이 다 이루니라. 하나님께서 만드시던
일이 일곱째 날이 되었을 때에 마치니 그 지으시던 일
이 다하므로 일곱째 날에 안식하시니라. 하나님이 일
곱째 날을 모든 일을 마치고 이 날에 안식하셨음 이
더라 (제2장 제1절~3절)

성서에 의하면 하나님께서는 이 세상을 창조하는 일을 엿
새 동안에 끝마치시고, 마지막 하루를 쉬셨다. 그러니까 하나
님은 일곱째 날에 안식하셨다 라기 보다는 일곱째 날에 축복
을 내리셨다. 그래서 일곱째 날이 성일이 된 것이다.

그때 하나님께서 축복하신 것은 날이었다. 구체적으로 어
느 장소나 어떤 존재한 것을 축복한 것은 아니었다. 유태인들
은 일곱째 날을 안식일로 정하고 하나님이 시간을 축복하신

것을 마음속에 새겨, 시간을 존중하고 있다.

유대인들에게는 특별한 『성지』라는 것이 없다. 예루살렘도 그리스도교에서 생각하는 것과 같은 성지는 아니다. 유태인 은 시간을 가장 축복받는 것이라고 믿고 장소는 중요시 하지 않는다. 유태인들은 휴대용의 민족인 셈이다. 그것은 그들이 무엇이든지 가지고 다닐 수 있는 민족이기 때문이다. 시간은 항상 그들과 함께 있다. 때문에 시간을 중시하는 민족으로 오 랫동안 살아왔으므로 해서 시간을 소중하게 여기는 관습이 유태인들의 의식 속에는 박혀 있다.

그들에게 있어 일곱째 날에 쉬는 일은 의무적으로 되어 있 다. 그것은 과로로 인해 또는 생활이 고달퍼 적당한 휴식을 취하는 것이 아니라 반드시 의무로써 일곱째 날에는 쉬는 것 이다.

고대사회에서는 그러한 안식일에 대한 개념을 다른 민족들 은 가지고 있지 않았다. 그래서 로마인이나 그리스인들은 안 식일을 이유로 해서 유태인들을 게으른 민족이라고 말했다.

사실 백년 전 까지만 해도 하급 노동자나 노예들에게는 휴 일이라는 날이 없었다. 그것은 세계적인 현상이었다. 한데 유태인들에게는 안식일에 절대로 육체를 휴식시킨다는 것만이 아니라 정신의 안정을 취한다는 중요한 뜻이 포함되어 있었다. 다른 사람들은 열심히 일하고, 식사를 하고, 술을 마시고 돌아다니는 등 바쁜 나날을 보낸다. 그것은 하등 동물들의 생활과 조금도 다를 바 없다. 그러나 안식일에는 휴식을 취하므로 해서 유태인은 인간이며, 신을 본떠서 창조된 존재임을 확인한다. 그리고 자신을 발견하려 한다.

안식일에는 유태인들은 자신의 정신을 닦고 착한 일을 함으로써 자신들을 진보시키려고 한다. 물론 그날은 가족과 함께 보내는 기회가 주어지고 또 하인이나 가축들도 쉴 수가 있다. 인간은 빵만으로 살 수 있는 것은 아니다. 하는 것은 일을 함으로써 만이 살아갈 수 있는 것이 아니라, 일 이상의 소중한 것이 있음을 맛보게 되는 것이다.

유태인의 격언에, 유태인이 오랫동안 안식일을 지켜온 것이 아니라 안식일이 오랜 동안 유태인을 지켜왔다는 말이 있다. 만일 안식일을 유태인이 잊었더라면, 유태인은 자기 자신들의 수양하는 일과 나아가 오늘날과 같은 발전도 이룩할 수 없었을 것이다.

에덴동산

　　여호와 하나님께서 그 사람을 이끌어 에덴동산에 두
사 그것을 다스리며 지키게 하시고, 여호와 하나님께
서 그 사람에게 명하여 말씀하시기를 『동산 각종 나무
의 실과는 네가 임의로 먹되 선악을 알게 하는 나무의
실과는 먹지는 말라. 네가 먹는 날에는 정녕 죽으리라』
하시니라.(제2장 제15~17절)

　에덴동산 이야기는 비단 종교적인 뜻만이 아니라 전 세계
사람들에게 가장 널리 알려져 있는 이야기의 하나이며 문학
적으로도 아주 높이 평가되고 있다. 지금까지 온 세계의 문학
인들은 그 이야기가 위대한 문학이라 생각하고 있는 것이다.
그 이야기의 특징의 하나는 간결하고 알기 쉽게 꾸며져 있으
면서도 등장인물들의 심리적 발전과 변화 등이 아주 미묘하
게 묘사되어 있는 점이다.
　에덴동산에는 두 종류의 나무가 나온다. 하나는 생명의 나
무이고 다른 하나는 지식의 나무이다. 생명의 나무는 아주 커
서 에덴동산에 커다란 그늘을 만들고 있었다. 한편 지식의 나

무는 작은 나무로써 생명의 뜻하는 바는 생명의 나무라는 것은 지식의 나무를 지나지 않고는 만져질 수 없음을 말해주고 있다. 지식의 나무란 선악을 알 수 있는 나무이다.

성서에는 이 세상의 본질은 선이라고 말하고 현실문제로 거기에 동시에 악이 있다는 것도 사실이다. 그러기 때문에 성서에 나오는 이야기를 비현실적이라고 할 수도 있겠지만, 에덴동산의 이야기는 이 세상에 어찌하여 악이 있게 되었는가를 잘 설명해 주고 있다. 요약하여 말하자면 악은 인간이 만들어낸 것임을 가르쳐주고, 인간은 자유로운 의사를 갖게 되므로 해서 신에게 반항하여 선을 부식시킴으로써 악을 낳게 되었다는 이야기이다.

그 이야기의 모든 부분은 완전한 행복에 둘러싸여 그의 주위에는 좋은 것 이외에는 아무것도 없었다는 장면부터 시작된다.

먹을 것이 충분하고 일을 하지 않아도 행복하게 살 수 있었으며, 아내인 이브를 사랑하고 있었으므로 모든 것이 다 만족했다. 그런데 이야기 끝에 가서는 그들이 부부싸움으로 인하여 서로 반목하고, 먹을 것도 없이 에덴의 낙원을 쫓겨나 살 곳조차 잃게 된다.

그 동안에 무슨 일이 일어났는가 하는 것이 그 이야기의 가장 중요한 점이다. 행복의 절정에서 불행의 수렁으로 떨어진 가장 큰 원인은 하나님에 대하여 인간이 반항함으로써 인간이 악을 낳았다는 점이다.

『유토피아』와 같은 낙원의 이야기가 얼마든지 있다. 그러나 근본적으로 다른 아랍의 이야기는 모두가 영원한 생명을 얻고 낙원에 살 수 있느냐 하는 것이 이야기의 주제가 되고 있다. 한 예를 들면 어떤 물을 마신다던가, 어떤 과일을 먹으면 영원한 생명을 얻게 된다는 이야기인 것에 비해서, 유태의 이야기는 영원한 생명을 얻게 된다는 이야기인 것에 비해서, 유태의 이야기는 영원불멸한 생명을 찾을 수 있는가를 주제로 하고 있다.

게다가 그 이야기의 또 한 가지 주제는 인간은 하나님의 눈을 피할 수 없다는 것이다.

에덴의 이야기에는 뱀이 나온다. 한데 당신의 아랍 세계에서는 뱀이 수확을 가져다주는 신으로 받들어졌었다. 그러나 그 이야기에서 창조주는 아담과 이브에게는 말을 하지만, 이들 두 사람에게 악을 가르쳐준 뱀과는 대화를 나누지 않는다. 그런 것으로 보아 뱀은 신으로부터 완전히 무시당한 존재로 되어 있다. 아랍인의 이야기와는 상당히 취향이 다르다고 할 수 있다. 또한 그 이야기를 통해 볼 때 신과 인간과는 교류할 수가 있어도 신과 동물 그리고 인간과 동물과는 차원의 격이 다르다는 것을 강조하여 가르쳐 주고 있다.

뿐만 아니라 그 이야기는, 인간은 자유로운 몸이어서 인간이 만일 원하기만 한다면 인간이 살고 있는 자연이야 신에 대하여도 반항할 수 있다는 것을 강조하고 있다. 그러나 그 자유는 어디까지나 하나의 규칙을 바탕으로 한 자유라는 것은 말할 나위가 없는 것이다.

구약성서는 본래 유태교의 것이지만 유태교는 인간이 보다 나은 생활을 영위하기 위해서는 규율을 갖지 않으면 안 되며 한 가지 규율에 의해서 생활해 나가지 않으면 안 된다는 것이었다.

인간은 하나님에게 반항하고 하나님을 저버릴 수는 있으나 그 결과는 어디까지나 인간 자신이 책임을 지지 않으면 안 된다.
때문에 자유라는 것은 때로 파멸을 초래함과 동시에 인간에 대하여 새로운 기회를 부여하기도 한다. 바꿔 말하면 양쪽에 날이 있는 칼 같은 것이 유태교의 풀이이다.

여자

　　여호와 하나님께서 말씀하시기를 『사람 혼자 사는 것이 좋지 못하여 내가 그를 위하여 돕는 배필을 지으리라』 하시니라. 여호와 하나님께서 흙으로 각종 들짐승과 공중의 각종 새를 만드시고 아담이 어떻게 이름을 짓나 보시려고 그에게로 이끌어 이르시니 아담이 각 생물을 일컫는 바가 곧 그 이름이라. 아담이 모든 육축과 공중의 새와 들의 모든 짐승에게 이름을 주니라.

　　아담을 돕는 배필이 없으므로 여호와 하나님께서 아담을 깊이 잠들게 하시니 잠들매 그가 그 갈빗대를 하나 취하고 살로 대신 채우시고 여호와 하나님께서 아담에게서 취하신 그 갈빗대로 여자를 만드시고 그를 아담에게로 이끌어 오시니 아담이 가로되 『이는 내 뼈 중의 뼈요 살 중의 살이라. 이것을 남자에게서 취하였던 즉 여자라 칭하리라』 하니라. (제2장 제18~22절)

　성서에 의하면 여자는 남자를 돕기 위해서 만들어진 셈이다. 헤브라이어로 '돕는다.' 는 뜻은 좋을 때나 나쁠 때나 돕는다는 것이지만 우리나라의 경우에도 마찬가지로 해석할 수 있는 것이다.

여자 즉 이브는 남편 아담을 돕는 사람으로 만들어졌다. 남편이 괴로움을 당하고 있을 때에 아내가 돕지 않으면 결혼생활이 순조롭지 못함을 강조하고 있다.

유태인들에게 있어 가장 안전한 성은 가정인 것이다.

남편이 일을 실패했을 경우 가장 좋은 휴식처가 가정인 것이다. 가정이 모든 것의 단위를 이루고 있는 기본이다. 그것은 이『돕는다』는 것이 인간 사고의 기본으로 되어 있기 때문인 것이다.

추방당한 아담과 이브

여호와 하나님께서 만드신 들짐승 중에 뱀이 가장 간교하더라. 뱀이 여자에게 물어 가로되 "하나님이 참으로 너희 더러 동산 모든 실과를 먹지 말라 하시더냐?"

여자가 뱀에게 말하되

"동산 나무의 실과는 하나님의 말씀에 너희는 먹지도 말고 만지지도 말라. 너희가 죽을까 하노라." 하셨느니라.

뱀이 여자에게 가로되 "너희가 결코 죽지 아니하리

라. 너희가 그것을 먹는 날에는 너희 눈이 밝아 하나님과 같이 선악을 가릴 줄을 하나님이 아심이니라." 여자가 그 나무를 본 즉 먹음직도 하고 보임직도 하고 지혜롭게 할 만큼 탐스럽기도 한 나무인지라 여자가 그 과실을 따 먹고 남편에게도 주매 그도 먹은지라.

이에 그들의 눈이 밝아 자기들의 몸이 밝은 줄을 알고 무화과나무 잎을 엮어 치마를 하였더라.

그들이 날이 서늘할 때에 동산에 거니시는 여호와 하나님의 음성을 듣고 아담과 그 아내가 여호와 하나님의 낯을 피하여 동산 나무 사이에 숨은지라.

여호와 하나님께서 아담을 부르시며 그에게 이르시되 『네가 어디 있느냐?』(제 3장 제 1~9절)

에덴동산에서 아담과 이브는 끝내 금단의 열매를 따먹고 만 것이다. 죄를 범한 후 여호와 하나님께서 아담을 부르시며 그에게 이르시되

『네가 어디 있느냐?』했던 그 점이 문제인 것이다. 인간이 죄를 범했는데도 하나님은 바로 인간에게 벌을 주지 않고『네가 어디 있느냐?』고 물은 것은 왜 일까?

아담과 이브가 나무 사이에 몸을 숨겼을 때 하나님은 현상적으로는 그들이 어디에 있는지를 알고 있었다. 『네가 어디 있느냐?』 라는 말로는 약간 무서운 느낌을 주지만 헤브라이어로는 아주 부드러운 여운을 보이고 있다. 하나님은 여기에서 인간으로서 『너는 어디 있는가?』 하는 도덕적인 뜻으로 묻고 있었던 것이다.

그것은 다만 아담과 이브에 대한 물음일 뿐만 아니라 인간에 대한 하나님의 부르심일 것이다.

거기에는 또 한 가지 뜻이 있다. 그것은 유태인의 생활습성에서 온 것이지만 유태인들은 설사 이웃사람을 방문할 때에도 불시에 뛰어들지 않는다. 반드시 노크하여 상대방이 준비할 시간을 주지 않으면 안 된다. 설혹 자기에게 어떤 나쁜 짓을 한 사람이라도 즉석에서 화를 내거나 대들지 않고 먼저 일상적인 대화를 나누어 그 사람에게 마음의 준비를 시킨다. 거기에는 불시에 무슨 일은 해서는 안 된다는 유태인들의 생활의 지혜가 작용하고 있는 것이다.

그것은 성서에는 쓰여 져 있지 않지만, 유태의 전설에서는 아담과 이브가 죄를 범한 뒤에 태양이나 나무를 비롯하여 우주의 만물이 슬프게 울었다고 한다. 그런데 달만은 울지 않고 웃었다. 그로 인하여 신은 달에게 벌을 주어 일정한 빛을 주지 않고 매달 새로 탄생하지 않을 수 없게 만드셨다.

그 에덴동산은 인간의 가장 최초의 비극으로써 유혹과 유혹의 결과로 생긴 죄를 말해주고 있다. 인간이 의지로 신에게 반항한 결과 생긴 비극을 말해주고 있는 것이다. 그 이야기는 인생의 다른 여러 면에 비추어 볼 수가 있다. 그것은 누구나가 자유의사를 가지고 있기 때문이다. 아담이라는 것은 헤브라이어로는 『인간』 이라는 뜻이므로 그것은 모든 인간들에게 일어나는 이야기가 된다.

아담과 이브가 죄를 범한 뒤에 해가 매일 조금씩 짧아져 갔으므로 아담과 이브는 세상의 종말이 오는 것이 아닌가 하고 비관한다. 그것이 곧 사계 변화의 시작이며 봄이 되자 다시 해가 길어졌다. 그래서 아담과 이브의 가슴에 희망이 솟아나 두 사람은 성대하게 잔치를 벌인다. 그것이 봄에 행해지는 축제의 효시가 되었다.

어떤 남자가 있었는데, 그가 깊이 사랑한 여자와 결혼했다. 한데 어느 날 그가 여행을 떠나게 되었다. 여행을 떠나기 전에 그는,

"이 집이나 이 집안에 있는 모든 것이 당신 것이다. 그러므

로 당신에게 맡기고 간다. 하지만 한 가지 이 집안에 있는 것 중에서 하나 뿐인 단지 그 속에는 매우 위험한 것이 들어 있으므로 그것을 만지거나 그 안을 들여다보아서는 안 된다."

하며 떠났다.

그런데 그 아내에게는 여자 친구들이 있었다. 아내는 친구들에게,

"우리남편은 아주 좋은 사람이어서 다만 단지만은 만져서는 안 된다고 했지만, 이 집과 집안에 있는 것 전부를 내게 맡겨 주었다." 라고 자랑했다.

그러자 그녀의 친구들은,

"그런 바보 같은 말이 어딨어. 아마도 그 단지 안에는 금화가 가득 들어 있어서 너를 쫓아낸 후 금화로 보다 더 젊은 예쁜 여자와 다시 결혼할 생각인 거야."

하고 말하는 것이었다.

친구의 말을 들은 아내는 그럴 듯한 말이라는 생각이 들어 그 단지의 뚜껑을 열고 안을 들여다보았다. 그러자 전갈이 뛰어나와 물어 버렸다. 남편은 집에 돌아와 아내가 자신을 믿지 않았다는 사실을 알고 크게 놀라고 낙담했다. 그는 아내를 변함없이 사랑해 주긴 했지만 전적으로 믿을 수는 없었다고 한다.

앞의 에덴동산과 똑같은 이야기이다. 이브란 헤브라이어로

는 『땅 위에 있는 만물의 어머니』란 뜻이다. 신은 낙원에서 아담과 이브를 추방할 때 아담에게 다음과 같이 말했다.

> "네가 네 아내의 말을 듣고 내가 너더러 먹지 말라고 한 나무의 열매를 먹었기에 땅은 너로 인하여 저주를 받고 너는 종신토록 수고하여야 그 소산을 먹으리라."(창세기 제3장 17절)

그것은 에덴동산 이야기 중에서도 가장 유명한 구절이어서 자주 인용되었지만, 그 이야기는 지식을 얻는 것보다도 신에게 복종하는 것이 더 중요하다는 유태교의 종교적인 가르침이라는 규율을 지키지 않으면 안 된다.

유태인들에게는 『지식이 신에 대한 복종보다 강해졌을 때 인간은 싸우거나 서로 흘리거나 한다』는 격언이 있다.
지식만 가지고는 인간은 살아갈 수가 없는 것이다.

한 예로 유태인의 입장에서 보면 나찌 독일은 지식이 신이 정해준 규율보다 앞섰던 세계였던 것이다. 생활수준도 매우 높고 지적 수준도 세계에서 가장 앞선 나라였다. 그럼에도 불구하고 그런 죄악을 저지를 수 있었던 것은 신앙보다 지식 쪽이 앞서 있었기 때문이었다. 오늘날 이 세상에서 에덴동산의 낙원을 재현하려면 지식보다도 먼저 신이 정해준 규율을 지키는 일이 앞서야 한다.

하나님이 인간에게 최초에 이른 말은 창세기 제1장 제28절에 나오는『하나님께서 그들에게 복을 주시며 그들에게 이르시되 생육하고 번식하여 땅에 충만하라. 땅을 정복하라』라는 말이었다.『땅을 정복하라』는 헤브라이어로『여자를 따르게 하라』는 뜻도 내포되어 있다. 성서에서는『땅』이란 말로밖에는 나와 있지 않지만 한 마디로 남자가 여자보다 위대하다는 것을 나타내고 있다. 그것도 신이 정해준 규율인 것이다.

그러기 때문에 여자가 부당하게 강해지면 에덴동산의 낙원은 재현 될 수밖에 없는 것이다.

부끄러움

이에 그들의 눈이 밝아 자기들의 몸이 벗은 줄을 알고 무화과나무 잎을 엮어 치마를 하였더라. (제3장 제7절)
앞의 장에서는 아담과 이브가 부끄러움을 비로소 알았다는 것을 말하고 있다. 사람이 다른 동물과 다른 점은 직립보행을 한다는 것, 생각하는 것, 자유의사를 가지고 있는 점이다. 사람은 부끄러움을 의식하고 있는 유일한 생물인 것이다.

랍비들은 부끄러움에는 몇 가지가 있다고 생각했다.

첫째, 금단의 나무 열매를 따먹은 다음부터의 아담과 이브에 대해, 이브는 아담에 대해 자신의 벌거벗은 모습이 부끄럽다고 생각했다. 그것은 가장 낮은 차원의 부끄러움인 것이다. 왜냐하면 다른 사람들이 있기 때문이라고 느끼는 부끄러움이기 때문이다.

그러나 랍비들은 차원이 낮은 부끄러움의 관념을 자주 중요하게 생각했다. 그것은 부끄러움이 부끄러움의 시작이며, 그 부끄러움이 연마됨으로써 높은 차원의 부끄러움을 느낄 수 있다고 생각했기 때문이다.

그 다음으로 차원이 높은 부끄러움은 자기 자신에 대하여 느끼는 부끄러움이다. 즉 자신의 비뚤어진 인간이라든가 자신이 거짓말쟁이라든가, 자신의 내면을 향해 느낄 수 있는 부끄러움이다.

끝으로 가장 높은 차원의 부끄러움은 물론 신에 대하여 느끼는 부끄러움이다.

우리는 이 절에서 또 한 가지를 배우게 된다.

아담과 이브는 금단의 나무 열매를 따먹은 후에는 그들의 마음은 의구심이나 두려움을 알게 되고, 또 사물에 대하여 생각하게 되었다.

어린아이에 대해서도 같은 말을 할 수 있다. 어린아이는 아주 어릴 때에는 매우 순진하여 죄 자체를 모르지만 점점 성장하여 독립하게 되면 그들은 쉽게 악하게 된다. 그리고 대부분 사람들은 자신의 마음속의 낙원을 뻔히 알면서도 추방해 버린다.

구약성서는, 무지는 정신적으로 순진성과 행복을 가지게 해 주지만, 사람은 배우기 시작하면서 정신적으로 동요된다는 것을 가르쳐 주고 있다. 하지만 어린아이의 순진하고 무지하다는 것은 허용되지만, 인간이 성장하여 힘을 지닌 후에 무지하다는 것은 야만인이 되는 것이므로 아주 위험한 것이다.

자식은 누구의 소유물인가

아담이 그의 아내 이브와 동침하매 하와가 잉태하여 가인을 낳고 이르되『내가 여호와로 말미암아 득남하였다』하니라. 그가 또 가인의 아우 아벨을 낳았는데 아벨은 양치는 자 이었고 가인은 농사를 하는 자 이었더라. 세월이 지난 후에 가인은 땅의 소산으로 제물을 삼아 여호와께 드렸고, 아벨은 자기도 양의 첫 새끼와 그 기름으로 드렸더니 여호와께서 아벨과 그 제물은 열납하셨으나 가인과 그 제물은 열납 하지 아니하신지라 가인이 심히 분하여 안색이 변하니 여호와께서 가인에게 이르시되

"네가 분하여 함은 어찌됨이며 안색이 변함은 어찌됨이냐. 네가 선을 행치 아니하면 죄가 문에 엎드리느니라. 죄의 소원은 네게 있으나 너는 죄를 다스릴지어다."

가인이 그 아우 아벨에게 고하니라. 그 후 그들이 들에 있을 때에 가인이 그 아우 아벨을 쳐 죽이니라. 여호와께서 가인에게 이르시되 "네 아우 아벨이 어디 있느냐." 그가 가로되 "내가 알지 못하나이다. 내가 내 아우를 지키는 자이니까."가라사대 "네가 무엇을 하였

느냐. 네 아우의 핏 소리가 땅에서부터 내게 호소하느
니라. 땅이 그 입을 벌려 네 손에서부터 네 아우의 피
를 받았음 즉 네가 땅에서 저주를 받으리니 네가 밭 갈
아도 땅이 다시 효력을 네게 주지 아니 할 것이오, 너
는 땅에서 피하며 유리하는 자가 되리라."

가인이 여호와께서 고하되 "내 죄벌이 너무 중하여
견딜 수 가 없나이다. 주께서 오늘 지면에서 나를 쫓아
온 즉 내가 주의 낯을 뵈옵지 못하리니 내가 땅에서 피
하여 유리하는 자가 될 지다. 무릇 나를 만나는 자가
나를 죽이겠나이다." 여호와께서 그에게 이르시되

"그렇지 않다, 가인을 죽이는 자는 벌을 칠 배나 받
으리라." 하시고 가인에게 표를 주사 만나는 누구에게
든지 죽임을 면케 하시니라. 가인이 여호와의 앞을 떠
나 나가 에덴동편 놋 땅에 거하였더니. (제4장 제16절)

에덴동산의 아담과 이브의 아들인 카인과 아벨, 두 형제는
항상 서로 싸움을 하고 지냈다. 그래서 그들 형제는 함께 살
지 않고 떨어져 있게 하는 것이 좋다는 생각에 각각 다른 직
업이 주어졌다. 카인은 농부가 되고 아벨은 양치기가 되었다.
그들 형제는 각각 하나님에게 바칠 제물을 가지고 왔다. 한

데 카인은 자기가 가지고 온 제물이 아벨보다 적으면 어쩌나 하고 마음속으로 걱정했다. 왜냐면 카인은 자기가 가지고 왔기 때문이었다.

그래서 하나님은 카인의 제물을 받지 않고 아벨이 바치는 제물만을 받아들였다. 그래서 두 형제사이는 더욱 나빠졌다.

그러면서도 형제는 어떻게 해서든지 사이좋게 지내려고 여러 가지 물건을 서로 나누어 갖기로 했다. 의논한 결과 카인은 토지를 전부 받고 아벨은 토지 이외의 것 전부를 받았다. 그런데 결과는 그 반대로 두 사람 사이가 더욱 나빠지기만 했다. 아벨은 어디에서 있건 카인은 내 땅 위에 서지 말라, 이 땅은 내 것이야 하고 말했다. 그것에 대하여 아벨은 그러면 당신의 옷을 돌려주시오, 당신은 땅밖에는 가지고 있지 않으므로 그 옷은 내 것이오. 하고 말했다. 그래서 다시 싸움이 시작되었다.

하지만 아벨은, 우리는 형제지간이므로 앞으로는 싸움을 하지 말자고 했다. 두 사람은 싸움을 그쳤다. 그리고 헤어졌다. 헤어질 때 카인이 돌을 집어 아벨에게 던지자 그 돌에 맞아 아벨이 죽고 말았다.

카인이 하나님 앞에 오자, 하나님은 너는 어째서 그런 끔찍

한 일을 저질렀느냐고 물으셨다. 그러자 카인은 하나님께서 "우리 두 사람은 마치 투기장에 들어온 투사 같은 사이입니다. 그런 경우, 한쪽 편 투사는 반드시 죽게 마련입니다. 그러나 우리들의 경우는 왕이 두 사람의 투사에게 싸움을 명한 것입니다. 그러므로 두 사람을 싸우게 한 왕의 책임이 아닐까요? 왕은 언제라도 두 사람의 싸움을 중지시켜 두 사람의 목숨을 구할 수 있었을 것입니다. 그것은 우리들의 왕이신 하나님의 책임이 아닐까요?" 라고 말했다.

카인의 말에 하나님은
"카인이여, 너는 꼭두각시 인형이 아니다. 자유의사를 가지고 있다. 그러므로 네가 무엇을 하건 나는 말리지 않는다. 그리고 너는 네가 하는 일은 네 자신이 책임을 져야 한다."고 대답하셨다.

그러면, 앞에 인용한 창세기 제 4장을 다시 한 번 훑어보기로 하자. 말씀하시기를
"네가 무엇을 하였느냐, 네 아우의 핏 소리가 땅에서부터 내게 호소하느니라."고 되어 있다.

유태인들은 두 가지를 알게 되었다. 하나는 인간은 입으로 외치는 일은 있어도, 피가 외치는 일은 없다. 또 하나는 성서

에서는 밝혀지지 않고 있지만, 헤브라이어로는 『피』라는 단어가 복수형으로 쓰여 져 있다. 물론 피라는 것은 헤브라이어로도 항상 단수로 쓰여 져 있는데, 그 경우에만은 웬일인지 동생의 피는 복수가 되어 있는 것이다.

피라는 단어의 복수형이 헤브라이어로 쓰이는 예가 거의 없다. 대개는 입이 외치는데, 어째서 피가 외쳤을까, 어째서 여기서는 이상스럽게도 피의 복수형이 쓰이는 것일까. 그에 대한 유태인의 해석은, 아벨이 만일 장례에 까지 살았었다면 몇 천 년 동안에 걸쳐서 만들어냈을 수많은 자식들, 손자들, 증손자들이 외치고 있다고 해석했다. 그러므로 한 인간의 생명을 뺏는다는 것은 단 한 사람을 죽이는 것이 아니라, 많은 인간을 죽이는 것이 된다는 가르침이 그 안에 있는 것이다.

여기서 본론으로 돌아가자. 고대에 있어서 인간은 자신에 대하여 책임을 지지 않으면 안 된다.

하나의 자율적인 존재라고 그처럼 강하게 규정짓는 일은 매우 드물다. 또 여기서는 악이라는 것은 인간이 만들어내는 것임을 강조하고 있다. 아벨과 카인은 신이 만들어낸 인간이 아니라, 사람에게서 태어난 사람이다.

카인과 아벨 두 형제가 재물을 가지고 왔다는 이야기만 하더라도, 하나님은 결코 재물을 가지고 오라고 명한 적이 없다. 성서에서는 하나님에게 재물을 바치는 일은 하나님이 요구하지 않더라도 인간이 마땅히 해야 할 행위라고 설명하고 있다. 가끔 인간은 감정에 이끌려 신에게 가까이 가고 싶어진다. 하지만 인간은 아무리 기품 있는 욕구라 할 지라도 그것을 나쁜 쪽으로 이끌어가는 경우가 있을 수 있는 것이다.

카인이 가지고 온 것은 좋지 않은 것이었다. 카인의 소견은 좁고 현실적인 데가 없었다. 그것은 인간을 가족의 일원으로서가 아니라 정말 개인의 단위로 생각하고 있는 것이다.

하나님에게 재물을 바친다든가 신을 찬양한다는 것은 신을 경배하는 일인 것이다. 카인은 재물을 가지고 오긴 했지만 자기의 마음을 바르게 갖는 일이 무엇을 가지고 가는 것보다 중요하다는 것을 말해주고 있다. 그러나 좋은 일을 하려고 해도 나쁜 일이 생기는 수가 있는 것이다.

카인과 아벨의 이야기는, 인간은 설사 형제지간이라도 두 사람이 있으면 역시 규율이 있어야 살 수 있음을 가르쳐 주고 있다.

그러니까 여기에서도 아담과 이브의 사건과 똑같은 일이 일어난다. 동생을 죽인 후, 여호와께서 카인에게 이르시되

"네 아우 아벨이 어디 있느냐?" 그 다음은 매우 유명한 말로써, 아벨은

"내가 알지 못하나이다. 내가 내 아우를 지키는 자이니까."
라고 대답했다.

형인 카인은 영원히 땅 위를 방황해야 하는 벌을 받는다. 여기서 카인은 자신이 동생을 지키는 자가 아니라고 말하지만 아니 동생을 지키는 자이어야 한다고 하나님은 대답한다. 인간은 모두가 형제여서 같은 형제가 고통을 당하고 있을 때에는 서로 도와야 한다. 그것을 보고 모른 척 하거나 거기에서 눈을 돌려서는 안 된다고 가르치고 있다. 또 동생의 고통은 자기 자신의 고통이 되기도 한다는 것도 말해 주고 있음을 알 수 있는 것이다.

카인이란 말은 헤브라이어 사전에서는 무엇인가를 만든다는 것과 무엇인가를 소유한다는 두 가지 뜻을 지니고 있다. 아담과 이브가 가정을 꾸며서 카인과 아벨을 낳았는데, 어째서 카인이라는 불량소년을 만들게 된 것일까. 그것은 아담과 이브 사이에 무언가 문제가 생긴 나머지 질이 나쁜 아이가 생긴 것이 아니지 모를 일이다.

그러니까 옛날 유태인들이 생각해낸 한 가지 설명은 다음

과 같은 것이다. 아담과 이브가 어떤 식으로 아이를 길렀는지에 관한 설명은 없지만, 이브가 아들에게 카인이라는 이름을 주었을 때, 이브는 자기의 소유물은 자기 마음대로 만들 수 있다고 잘 못 생각했는지도 모른다.

그러나 어린아이는 부모의 소유물이 아니다. 부모의 책임인 것이다. 부모는 어린아이가 훌륭한 인간으로 자라나도록 최선을 다해 주지 않으면 안 된다. 모든 인간이나 사물은 신에게 속해 있지 인간에 속해 있는 것은 아니다. 그러므로 부모는 어린아이의 보호자이지 소유주는 아니다. 그러므로 카인이 불량하게 된 것은 부모인 이브의 사고방식에 그 원인이 있는 것이다.

동생 아벨을 죽인 카인은 사형을 당하지는 않았다. 고대에는 아직 사람이 죽는다는 사건은 없었으며, 기록된 것으로는 아벨의 죽음이 최초였다. 카인은 아벨을 죽이려는 돌을 던진 것은 아니었다. 계획적인 살인이 아니었으므로 사형은 너무 가혹한 형벌이 된다.

한글판 성서나 영어판 성서에도 『카인』과 『아벨』이라 표현되고 있지만 아벨은 영어식 발음이다. 만일 『가인』이라고 헤브라이어 식으로 읽는 다면 아벨은 『헤벨』이라 불러야 한다.

땅

> 그러므로 아브라함의 가축의 목자와 롯의 가축의 목
> 자가 서로 다투고 또 가나안 사람과 브리스 사람도 그
> 땅에 거하였는지라 아브람이 롯에게 이르되,
> 『우리는 한 골육이라. 나나 너나 내 목자나 네 목자
> 나 서로 다투게 말자. 네 앞에 온 땅이 있지 아니하냐,
> 나를 떠나라, 네가 좌하면 내가 우하고 네가 우하면 나
> 는 좌하리라』(제13장 제7절~9절)

아브라함과 롯은 이스라엘 땅에 살며 많은 양을 기르고 그
래서 풍족한 생활을 하고 있었다. 그들 아브라함과 롯은 두
사람 다 목자를 두었는데 이 두 목자가 서로 다투기 시작했
다. 롯 밑에서 일하는 목자는 양들에게 자유롭게 풀을 먹게
하여 가끔 아브라함이 소유하고 있는 땅의 풀까지 먹게 하였
기 때문이다. 그리하여 아브라함의 목자가 롯의 목자에게
"어째서 아브라함의 땅에서 풀을 뜯어 먹게 하는가?" 하고
물었다.

그러자 롯의 목자는

"아브라함에게는 자식이 없으므로 아브라함이 죽으면 단 하나의 핏줄인 롯의 것이 된다. 어차피 땅이 롯의 것이 되는 것이므로 오늘 여기서 풀을 뜯어먹게 해도 상관없지 않은가?" 라고 대답했다.

그래서 아브라함은 이웃끼리 다투기보다는 친구로서 멀리 떨어져 있는 편이 낫다고 서로 멀리 떨어져 살기로 했다. 아브라함이 롯에게 말했다

"너는 네가 좋아하는 방향으로 가라. 만약 네가 왼쪽으로 가겠다면 나는 오른쪽으로 가겠고, 네가 오른쪽으로 가겠다면 나는 왼쪽으로 가겠다."

그래서 롯은 풀이 무성하게 자라고 있는 땅을 택했다.

그런데 물질적으로 풍부한 곳이 항상 좋은 것이라고는 할 수 없었다. 물질적으로 풍부한 땅에서 사는 것이 반드시 좋은 것은 아니라는 그 가르침을 유태인들은 지금도 지키고 있다.

그러므로 우리가 살 땅을 택할 때, 예를 들어 자식을 교육시키는데 적당한 좋은 학교가 있다든가, 정신면을 풍부하게 해 주는 문화시설이 좋다든가, 여러 가지 물질적인 면 이외의 것을 반드시 조건에 넣어서 생각하게 된다.

　　롯이 아브라함을 떠난 후에 여호와께서 아브라함에
게 이르시니

　　『너는 눈을 들어 너 있는 곳에서 동서남북을 바라보
라. 보이는 땅을 내가 너와 네 자손에게 주리니 영원히
이르리라. 내가 네 자손으로 땅의 티끌 같게 하리니 사
람이 땅의 티끌을 능히 셀 수 있을 진데 네 자손도 세
리라. 너는 일어나 그 땅을 종과 횡으로 행하여 보라.
내가 그것을 네게 주리라』

　　이에 아브라함이 장막을 옮겨 헤브론에 있는 마므레
상수리 수풀에 이르러 거하며 거기서 여호와를 위하여
단을 쌓았더라. (제13장 제14~18절)

아브라함은 이제 이스라엘에 살고 있다. 그 곳에서 후세의
랍비들은 어째서 아브라함이 먼거리를 빙빙 돌아서 걸어가지
않으면 안 되었는가에 대해서 생각한 결과, 인간이라는 것은
상상하는 것만으로도 충분하지 못하며 한 가지를 분명히 하
기 위해서는 실제로 가서 그것을 자기의 눈으로 직접 확인해
야 한다는 가르침이라고 풀이하게 되었다.

　도망한 자가 와서 헤브라이 사람 아브라함에게 고하
니 때에 아브라함이 아모리 족속 마므레의 상수리 수
풀 근처에 거하였더라. 마므레는 에스골의 형제요 또
아넬의 형제라. 이들은 아브라함과 동맹한 자더라. 아
브라함이 그 조카의 사로잡혔음을 듣고 집에서 기르고
연습한 자 삼백 십팔 인을 거느리고 단까지 쫓아가서
그 가신을 나누어 밤을 타서 그들을 쳐서 재물과 자기
조카 롯과 그 재물과 가부녀와 인민을 다 찾아 왔더라.
(제14장 제13~16절)

　『네 말이 내가 아브라함으로 치부케 하였다 할까 하
여 네가 속한 것은 물론 한 실이나 신들메라도 내가 취
하지 아니하리라』(제14장 제23절)

　앞의 내용은 이 세상에서 최초로 기록된 인류의 전쟁 기록
이 된다.
　롯이 살고 있는 곳은 싸움터가 되고, 롯은 포로가 되었다.
아브라함은 그의 조카를 살려내기 위하여 싸워 마침내 조카
를 구출했다. 유태인은 유사 이래로 몇 차례씩이나 자신들의

동포들 전쟁 중에서 구출하지 않으면 안 되었다. 또 그러기 위해서 몇 차례씩이나, 적이나 유태인을 잡아놓은 사람들에게 몸값을 지불하지 않으면 안 되었다.

중세에 있어서는 유태인이 아주 간단하게 돈 때문에 유괴되는 일이 많았다. 한번은 매우 높은 지위에 있는 랍비가 유괴당하고 몸값을 요구 받았다. 그 랍비는 여간한 일이 있어도 몸값을 지불하지 말도록 유태인에게 명했다. 그는 옥중에서 세상을 떠났다. 그러나 그 이후로는 유괴하더라도 몸값을 요구하는 일이 유태인에 대해서는 없어지게 되었다.

앞의 내용에서 또 한 가지 흥미 있는 것은 제14장 제23절 부분이다. 그 전쟁에 아브라함은 승리한 쪽의 왕을 도왔다. 그리고 전쟁에 승리하자 그 왕은 원하는 것이 있으면 무엇이든지 그에게 주겠노라고 했다. 그러자,

"실 한 오라기나 신발 끈 하나도 필요치 않습니다."

라고 아브라함은 말했다.

역사상의 인격이 고결한 인물은 대부분 가난한 것이 보통이지만, 아브라함은 굉장히 부자였던 것이다. 한데, 『부』라는 것은 만들기 보다는 없애는 편이 쉽다. 그런데도 그만한 큰 부자가 되었다는 것은 아브라함에게 뛰어난 경영수완이 있었

음을 알 수 있는 것이다.

선택받은 민족

> 여호와께서 아브라함에게 이르시되,
> 『너는 정녕 알라, 네 자손이 이방에서 객이 되어 그
> 들을 섬기겠고 그들은 사백년 동안 네 자손을 괴롭게
> 하리니』(제15장 제13절)

앞의 구절에서는 유태인이 신의 선택을 받은 백성이긴 하
지만 결코 안락한 생활을 누리는 것은 아니라, 온갖 시련을
견디어 내면서 인류에게 봉사하지 않으면 안 된다는 것을 말
해주고 있다.

만일 그런 일이 없으면 유태인은 이 세상의 다른 민족에 대
하여 우월하다고 생각하며 교만한 마음을 가지게 되었는지도
모르는 것이다.

그것은 유태인이 세계 곳곳에 흩어지기 훨씬 전에 쓰여 진
것이지만, 그 예언은 아주 잘 들어맞고 있다. 유태인들은 자
신들이 유일신을 믿고 다른 사람들이 우상은 숭배하고 있던
때에도 우월감을 갖는 일은 없었다.

그것은 유태인들 자신이 신의 선택을 받은 민족이기 때문에 특별한 대우를 받은 일은 없다는 사실을 잘 알고 있었기 때문이다.

곤경에 봉착했을 때

> 하갈이 아브라함의 아들을 낳으매 아브라함이 하갈의 낳은 그 아들을 이름하여 이스마엘이라 하였더라. (제16장 제15절)

아브라함의 아내 사라는 아기를 가질 수 없었다. 해서 아내인 사라는 그들의 하녀를 통하여 아이를 얻으려고 했다. 아브라함의 아이를 잉태한 하녀의 이름은 하갈이며, 아들의 이름은 이스마엘이다.

> 사라가 잉태하고 하나님이 말씀하신 기한에 미쳐 늙은 아브라함이 아들을 낳으니 (제21장 제2절)

아브라함의 아내 사갈이 낳은 아기의 이름이 이삭이다.

하나님이 그 아이의 소리를 들으시므로 하나님의 사자가 하늘에서부터 하갈이 불러 가라사대,

『하갈아, 무슨 일이냐, 두려워 말라, 하나님이 저기 있는 아이의 소리를 들으셨다니 일어나 아이를 네 손으로 붙들라. 그로 큰 민족을 이루게 하리라』하시니라.

하나님이 하갈의 눈을 밝히시며 샘물을 보고 가서 가죽부대에 물을 채워다가 그 아이에게 마시웠더라. (제21장 제17~19절)

대개 어느 집이나 아내가 둘 있게 되면, 하나는 정상이고 다른 하나는 측실이 되는데, 평안하지 않다. 더구나 정실이 아이를 못 낳기 때문에 측실이 아이를 낳게 했는데, 나중에 가서 정실이 아이를 낳게 되면 두 여자는 싸우게 된다. 아브라함의 집도 예외는 아니었다.

더구나 하갈이 낳은 아들은 난폭했으므로 자신이 낳은 이삭을 익애하고 있던 사라는 남편에게 하갈과 그의 아들 이스마엘을 집 밖으로 쫓아내라고 조른 나머지 마침내 하갈 모자는 물과 먹을 것을 받아 집 밖으로 쫓겨난 것이다.

그들 모자가 길을 떠나 얼마를 가다보니 먹을 것이 동이 나고 물도 떨어지고 만다. 더운 날이어서 아들은 목이 말라 울

어댄다. 하갈은 참을 수 없어서 이스마엘을 나무 그늘에 놓고 떠나려고 한다.

마침 그때에 하나님의 사자가 나타나 하갈을 향해,

"하갈아, 무슨 일이냐?" 하고 묻는다.

후세의 랍비들은 하나님은 하갈이 물과 먹을 것이 떨어져 낙심하고 있음을 알고 계셨을 텐데 어째서 "무슨 일이냐?" 하는 얼른 보기에 바보 같은 질문을 한 것일까 하고 생각했던 것이다.

하나님이 그렇게 말씀하시고 그녀의 눈을 뜨게 하셨으므로 그녀는 그곳에 샘물이 있음을 알 수 있었다. 샘물은 별안간 그곳에 나타난 것이 아니라 전부터 거기에 있었는데도 격분해 있던 하갈은 그것을 몰랐던 것이다.

그 교훈은, 인간은 정신적으로 장님이 될 때가 있어서 자기 눈앞에 매우 중요한 것이나 자기 눈앞에 있는 기회를 놓치는 일도 있다는 것이다. 하나님이 "무슨 일이냐?" 하고 바보스런 질문을 한 것은 그녀가 샘물 앞에 서 있었기 때문인 것이다.

행복해지는 계기가 되는 것은 자기 주위에 손이 닿을 만한 곳이 있는지도 모르므로 곤경에 봉착했을 경우 일단 자신의 둘레를 바라보며 차분하게 생각해야 한다.

　　　이제 후로는 네 이름을 아브람이라 하지 아니하고
아브라함이라 하리니 이는 내가 너로 열국의 아비가
되게 함 이니라. (제17장 제5절)

　구약성서에 보면 이름이 바뀌는 대목이 가끔 있다. 즉 아브
람이 아브라함이 되고, 그의 아내 사래는 나중에 사리가 된다.
　야곱도 이름이 바뀌고 그밖에 지명 따위가 바뀌거나 한다.
　현재에도 서구사회에서는 세인트라든가 서어 같은 칭호를
붙여서 부여하는 경우가 있다.
　랍비들은 성서를 놓고 토론을 할 때, 이름이라는 것은 매우
중요하다고 생각하는 것이다.
　『탈무드』에서는 좋은 이름은 인간이 가질 수 있는 가장 값
진 보물이며, 자장 질이 좋은 기름보다도 성스럽다고 말하고
있다.
　즉, 『좋은 이름』이란 결코 좋게 들리는 이름이라든가 글자
의 획이 좋은 이름이 아니라, 평판이나 명성을 말하고 있다.

　옛날 유태사회에서는 기름은 매우 귀중한 것이었다. 머리
를 감을 때나, 식용으로 그리고 난방용으로, 또 취사 때도 기

름이 사용되었다. 하지만 아무리 질 좋은 기름이라도 오래 놓아두면 증발하여 없어지는 것에 반하여, 명성은 시간이 흐를수록 높아진다.

질이 좋은 기름은 부자들만이 살 수 있지만, 명성은 설령 가난하더라도 손에 넣을 수가 있다.

아브라함이 이름을 바꾼 것에 착안하여 랍비들 사이에는 그러한 토론이 벌어진 것이다.

『탈무드』에 다르면, 이름에는 다음과 같이 세 종류가 있다고 했다.

첫째, 왕이나 귀족이 세습적으로 쓰는 이름

둘째, 덕망과 학식이 높은 사람이 얻는 이름

셋째, 누구나가 가질 수 있는 이름 즉, 그것이 바로 명성이다.

가나안

내가 너와 네 후손에게 너의 우거하는 이 땅 곧 가나안 일경으로 주어 영원한 기업이 되게 하고, 나는 그들의 하나님이 되리라. (제17장 제8절)

우리가 복지라고 말하는 가나안이란 아브라함이 살기 시작할 때까지의 호칭이며, 그 이후로는 이스라엘 이라 불리고 있다.

할례

대대로 남자는 집에서 난 자나 혹, 너의 자손이 아니
요. 이방 사람에게 돈으로 산 자를 무론하고 난 지 팔
일 만에 할례를 받을 것이니라.(제17장 제12절)

유태인이 유태인으로 인정받은 것은 생후 8일째에 할례를
받을 때이며, 그에게 그는 아브라함의 자손이라고 고해진다.
유태인 가운데 역사상 최초로 할례를 한 것은 아브라함이
며 유태민족의 긍지는 자신들이 아브라함의 자손이라는 데에
있는 것이다.

접대

여호와께서 마므레 상수리 수풀 근처에서 아브라함
에게 나타나시니라. 오전 즈음에 그가 장막에 앉았다
가 눈을 들어 본 즉 사람 셋이 맞은편에 섰는지라. 그

가 그들을 보자 곧 장막 문에서 달려 나가 영접하며 몸을 땅에 굽혀 가로되,

『내 주여! 내가 주께 은혜를 입었사 오면 원컨대 종으로나 지나가지 마옵시고 물을 가져오게 하사 당신들의 발을 씻으시고 나무 아래서 쉬소서. 내가 떡을 가져오리니 당신들의 마음을 쾌활하게 하신 후에 지나가소서. 당신들의 종에서 오셨음이니라』그들이 가로되

『네 말대로 그리 하라』(제18장 제1~5절)

앞의절은 아브라함이 할례를 받은 다음의 이야기이다.

아브라함은 사람을 아주 잘 대접하는 사람이었다. 그는 수술을 받았을 때에는 상당히 나이를 먹은 후였으므로, 피곤함에도 불구하고 사람들을 접대하려고 천막 입구에 앉아 있다고 한다.

아브라함은 그 무렵 사막 한 귀퉁이에 천막을 치고 살고 있었는데, 그 천막은 어디서 손님이 와도 들어올 수 있게끔 사방에 문이 나 있었음에도 불구하고 몸소 그들을 대접했던 것이다.

고대사회에서는 전혀 모르는 사람을 자기 집에 초대한다는 것은 매우 획기적인 일이지만 아브라함은 자진해서 그것을 행했다.

유태인 가정은 오늘날에도 모든 사람들에게 개방되고 있으며 특히 축제일에는 기꺼이 많은 사람을 집으로 초대하려 하고 있다.

여행자와 돈

여호와께서 가라사대 『소돔과 고모라』에 대한 부르짖음이 크고 죄악이 중하니 내가 이제 내려가서 그 모든 행한 것이 과연 내게 들린 부르짖음과 같은지 그렇지 않은지 내가 알려 하노라. (제18장 제20절~21절)

이 절의 내용은 하나님이 몸소 자신의 눈으로, 소돔과 고모라에서 무엇이 일어나고 있는가를 보시려고 한 것이다. 여기서 유태인은 어떤 재판관이라도, 소송을 내고 있는 사람들의 실정을 보지 않고는 판결을 내려서는 안 된다. 꼭 실지에 가보아야 한다는 가르침을 받았다.

그 두 도시는 지상에서 가장 죄 많은 도시라고 생각되어 왔다. 소돔의 거리에서는 낯선 사람이 찾아오는 것을 좋아하지 않아 낯선 사람에게는 누구에게나 의심을 품는다. 때문에 여행자는 그 도시에 찾아온 것을 누구나 후회하게 되었던 것이다.

만일 가난한 자가 그 도시에 잘못 들어오기라도 하는 날이면 모두가 거짓 웃음을 지어 맞이하고 표시를 해둔 돈을 베풀어 주었다. 그가 그 돈으로 물건을 사려고 해도 돈에 표시가 되어 있어서 아무것도 사지 못하고 굶어 죽게 마련이었다. 그러면 그 도시의 사람들은 각각 자기가 표시해 두었던 것을 그 죽은 사람으로부터 되돌려 갖기로 되어 있었던 것이다.

한번은 어느 여행자가 두 딸을 데리고 그 도시로 왔다. 그는 도시에서 일자리를 얻어 돈을 지키는 일을 맡아보기로 되었다.

그것은 50개의 금화였는데 특수한 기름을 발라 놓았으므로 그 냄새로 그 돈이 어디 있는지 금방 알 수 있도록 되어 있었던 거였다.

하루는 그가 있는 곳에 도둑이 들었다. 그리고 그의 물건이 모두 도둑맞았다. 금화는 아무도 찾을 수 없도록 잘 숨겨 놓았지만, 그 냄새로 인하여 곧 발견되어 도둑맞고 만 것이다.

그는 그 책임을 추궁 받아 재판에 회부되었다. 그리고 결국 50개의 금화를 변상해 낼 수 없었으므로 딸과 함께 노예로 팔리고 말았다. 물론 그 돈을 훔친 사람은 그 도시의 사람이었음은 물론이다.

그로부터 며칠 후, 딸 하나가 어떤 여자 친구를 만났을 때,

어째서 얼굴이 그렇게 창백하냐는 물음을 받았다. 그녀는 그때까지의 이야기를 모두 털어 놓고 『지금으로선 먹을 것도 없는데다가 노예로 팔린 몸』이라고 말했다. 그 여자 친구는 친절한 사람이었으므로 가엾게 여겨 먹을 것을 가져다 준 것이다.

그 뒤, 소돔 사람들은 그 가족들이 아직 살아 있는 것을 보고 누군가가 먹을 것을 주고 있음이 틀림없다고 생각했다. 사람들이 알아보니 어떤 마음씨 착한 여자 아이가 그 가족에게 먹을 것을 주고 있음을 안 것이다.

그 여자 아이는 곧 붙잡혀 재판을 받아 사형을 언도 받았다.

그녀의 발가벗긴 몸에는 꿀이 발라지고 두 개의 벌집이 있는 나무사이에 붙들어 매어졌다. 벌들은 붕붕 소리를 내며 그녀의 몸에 달려 들어와 온 몸을 쏘아 마침내 그녀는 죽고 말았다.

하여 하나님은 그 도시에서 들려오는 여자아이의 비명이 너무나 날카로웠으므로 지상으로 내려가 살펴보기로 한 것이다.

그에 대한 유태인들의 해석에 의하면 소돔과 고모라 사람들의 가장 큰 죄는 다른 사람들이 착한 일을 하는 것을 금하고 착한 일을 한 사람을 벌했다는 점이다.

선행을 금하는 사회가 가장 나쁜 사회인 것이다. 꿀벌과 같이 달콤하고 좋은 것을 나쁜 수단에 악용했다는 것은 그것을 상징해 주고 있는 것이다.

정의에 대한 관념

　그 사람들이 거기서 떠나 소돔으로 향하여 가고 아브라함은 여호와 앞에 그대로 섰더니 가까이 나아가 가로되,『주께서 의인과 악인을 함께 멸하시려니까, 그 성중에 의인 오십이 있을 지라도 주께서 그곳을 멸하시고 그 오십 의인을 위하여 용서치 아니하시리니까. 주께서 이같이 하사 의인을 악인과 함께 죽이심은 불가하오며 의인과 악인을 균등이 하심도 불라하나이다. 세상을 심판하시는 이가 동의를 행하실 것이 아니니까』

　여호와께서 가라사대『내가 만일 소돔 성중에서 의인 오십을 찾으면 그들을 위하여 온 지경을 용서하리라』아브라함이 말씀하여 가로되『티끌과 같은 나라도 감히 주께 고하나이다. 오십 의인 중의 오인이 부족할 것이면 그 오인 부족함을 인하여 온 성을 멸 하시려나이까』

가라사대『내가 거기서 사십 오인을 찾으면 멸하지 아니하니라』아브라함이 또 고하여 가로되『거기서 사십 인을 찾으면 어찌 하시려나이까』가라사대『사십인을 인하여 멸하지 아니하니라』아브라함이 가로되『내 주여 노하지 마옵시고 말씀하게 하옵소서. 거기서 삼십인을 찾으면 어찌 하시려나이까』가라사대『내가 거기서 삼십인을 찾으면 멸하지 아니하리라』아브라함이 또 가로되『내가 감히 내 주께 고하나이다. 거기서 이십인을 찾으시면 어찌 하시려나이까』가라사대『내가 이십인을 위하여 멸하지 아니하리라』또 아브라함이 가로되『주는 노하지 마옵소서. 이번만 더 말씀 하리이다. 거기서 십인을 찾으시면 어찌 하시려나이까』가라사대『내가 십인으로 하여도 멸하지 아니하리라』여호와께서 말씀을 마치시고 즉시 가시니 아브라함도 자기 곳으로 돌아갔더라. (제18장 제22~33절)

아브라함과 노아는 전혀 같지 않다. 앞의 성서 구절에서는 하나님은 정의를 행함과 동시에 자비롭다는 것을 뜻하고 있다.

창세기 시대에는 왕은 그것이 옳다든가 그릇된 것인가를 생각지 않았었다. 그러나 아브라함은 여기에서 하나님은 옳지 않은 일은 절대로 하시지 않는다는 사실을 가르쳐 주었다. 여기서 이렇게 길게 하나님과 아브라함과의 이야기가 계속되고 있는 것이 그러한 정의의 관념을 모든 사람들에게 알려주기 위해서는 많은 이야기가 필요하다는 것을 의미하고 있는 것이다.

여호와께서 가신 뒤 아브라함이 자기가 있는 곳으로 돌아갈 때에, 하나님의 정의라는 사실을 납득하고 만약에 옳은 사람이 있으면 소돔이 구원을 받으리라는 것을 확신했던 것이다.

아브라함이 보기에는 소돔에 살고 있던 사람들은 이방인이며 그래서 아브라함과는 아무런 연관도 없었지만, 그러나 아브라함은 그 사람들을 위해 하나님에게 탄원했었다.

발을 씻을

날이 저물 때에 두 천사가 소돔에 이르니 마침 롯이 소돔 성문에 앉았다가 그들을 보고 일어나 영접하고 땅에 엎드리어 절하여 가로되

"내 주여, 돌이켜 종의 집으로 들어 발을 씻어 주무시고 일찍이 일어나 갈 길을 가소서."

그들이 가로되

"아니라 우리가 거리에서 경야하리라." (제19장 제1
절~2절)

앞의 성서구절 가운데의 『발을 씻는다』는 말의 의미는 무
엇인가. 그 말은 성서에 자주 나온다. 그것은 사막에 사는 사
람들이었기 때문인 것이다.

보통 우리가 『발을 씻는다』고 하면 악의 세계에서 손을 뺀
다는 것을 뜻하는데, 그것은 악의 세계가 사막처럼 불모의 세
계이기 때문이다.

가정과 사회

사라가 잉태하고 하나님의 말씀하신 기한에 미쳐 늙
은 아브라함에게 아들을 낳으니 아브라함이 그 낳은
아들 곧 사라가 자기에게 낳은 아들을 이름하여 이삭
이라고 하였고 그 아들 이삭이 난 지 팔일 만에 그가
하나님의 명대로 하례를 행하였더라. 아브라함이 그
아들 이삭을 낳을 때에 백세라. 사라가 『하나님이 나를
웃게 하시니 듣는 자가 다 나와 함께 웃으리로다』 또

가로되 『사라가 자식을 젖먹이겠다고 누가 아브라함에게 말하였으리오 마는 아브라함 노예가 내가 아들을 낳았도다』하리라. (제21장 제2~7절)

『이삭』의 뜻은 헤브라이어로는 『명랑한 웃음』이란 뜻이다. 어린아이는 항상 명랑하게 웃지 않으면 안 된다. 유태인의 어버이는 어린 아이가 탄생하면 그 어린 아이가 명랑하게 웃는 아이로 키울 수 있도록 기도 드리고 있다.

사라는 이삭이 태어났을 때 아이가 많았다. 사람들에게 자칫 잘못하다가는 이삭이 다른 여자에게서 태어난 어린아이가 아닐까 하는 소문이 퍼질까 염려해서 사라는 이삭을 자기 것으로 키웠다. 더구나 자기가 이삭의 진짜 어머니라는 것을 보여주기 위하여 이웃 어린 애들에게도 젖을 먹였다. 그러나 그녀는 자기 아들이 충분히 만족하기 전 까지는 다른 아이에게는 젖을 먹이지 않았다.

그것은 자신이 가지고 있는 힘이나 재능은 먼저 자기 가족에게 준 다음에 사회에 주라는 것을 가르치고 있다. 하지만 자기가 가지고 있는 힘을 사회에 줄 뿐 가족에게는 주지 않는 것은 결코 좋은 일이라 할 수 없는 것이다.

하나님의 시험

그일 후에 하나님이 아브라함을 시험하시려고 그를 부르시되

"아브라함아" 하시니,

그가 가로되

"내가 여기 있나이다."

여호와께서 가라사대

"네 아들 네 사랑하는 독자 이삭을 데리고 모리아 땅으로 가서 내가 네게 지시하는 한 산 거기서 그를 번제로 드리라."

아브라함이 일찍이 일어나 나귀의 안장을 지우고 두 사환과 그 아들 이삭을 데리고 번제에 쓸 나무를 쪼개어 가지고 떠나 하나님이 자기에게 지시한 산으로 가더니, 제 삼일에 아브라함이 눈을 들어 그곳을 멀리 바라본지라. 이에 아브라함이 사환에게 이르되

"너희는 나귀와 함께 여기서 기다리라. 내가 아이와 함께 가서 경배하고 너희에게로 돌아오리라." 하고 아브라함이 이에 번제나무를 취하여 그 아들 이삭에게 지우고 자기는 불과 칼을 손에 들고 두 사람이 동행하더니, 이삭이 그 아비 아브라함에게 말하여 가로되

"내 아버지여" 하니 그가 가로되

"내 아들아, 내가 여기 있노라." 이삭이 가로되

"불과 나무는 있거니와 번제 할 어린양은 어디 있나이까." 아브라함이 가로되

"아들아, 번제 할 어린양은 하나님이 자기를 위하여 친히 준비하시리라." 하고

두 사람이 함께 나아가서 하나님이 그에게 지시한 곳에 이른지라. 이에 아브라함이 그곳에 단을 쌓고 나무를 벌려 놓고 칼을 잡고 그 아들을 잡으려 하니 여호와의 사자가, 하늘에서 그를 불러 가라사대

"아브라함아, 아브라함아" 하시는 지라 아브라함이 가로되

"내가 여기 있나이다." 하매,

사자가 가라사대

"그 아이에게 네 손을 대지 말라. 아무 일도 그에게 하지 말라. 네가 네 아들 네 독자라도 네게 아끼지 아니하였으니 내가 이제야 네가 하나님을 경외하는 줄을 아노라."

아브라함이 눈을 들어 살펴본 즉 한 숫양이 뒤에 있는데 뿔이 수풀에 걸렸는지라 아브라함이 가서 그 숫양을 가져다가 아들을 대신해서 번제로 드렸더라. 아

브라함이 그 땅 이름을 여호와 이래(여호와께서 준비
하심) 라 하였으므로 오늘까지 사람들이 이르기를
『여호와의 산에서 준비되리라』 하더라.
여호와의 사자가 하늘에서부터 두 번째 아브라함을
불러 가라사대
여호와께서 이르시기를 "내가 나를 가리켜 맹세하
노니 네가 이같이 행하여 네 아들 네 독자를 아끼지 아
니 하였던 즉, 내가 네게 큰 복을 주고 네 씨로 크게 성
하여 하늘의 별과 같고 바닷가의 모래와 같게 하리니
네 씨가 그 대적의 문을 얻으리라. 또 네 씨로 말미암
아 천하 만인이 복을 얻으리니 이는 네가 나의 말을 준
행하였음이니라." 하셨다 하니라. (제22장 제1~18절)

하나님으로부터 아브라함은 그가 살아 있는 동안 여러 번
시험을 당했다. 앞서 성서구절은 마지막으로 하나님이 아브
라함을 시험했을 때의 이야기이다. 그 시험은 하나님에게 보
다 아브라함에게 있어서 자신이 누구인가를 아는 데 중요한
것이 된다.

고대사회에서는 그때까지 사람을 산 채로 제물로 바치는
일이 나쁜 일이라고는 생각하지 않고 있었다. 그러나 유태인

은 사람을 제물로 바치는 일을 그만 둔 최초의 민족이었다.

하지만 여기서 아브라함은 그것이 어떤 일이건 하나님이 명하신 것은 지키려는 자세를 취했다. 그 당시 인간을 제물로 바치는 일은 흔히 있는 일이어서 소돔이 있던 때처럼 신의 요구를 물리칠 수 없었던 것이다.

역사는 유태민족에 대하여 많은 시련을 주었다. 유태인은 자신들이 유태인이란 것 만으로도 지금껏 생명을 바쳐온 것이다.

아브라함이 이삭을 죽이기 직전에 하나님이 숫양을 준비한다는 것은 마치 아브라함이 아들 이삭을 속인 것처럼 받아들일 수 있지만 『두 사람은 함께 갔다』고 두 번씩이나 쓰여 있는 것으로 보아, 이삭이 별로 반항도 하지 않고 아브라함을 따라 간 것은 그 자신이 제물이 된다는 사실을 알고 있었기 때문일 거라고 랍비들은 해석하고 있다.

앞의 이야기에는 또 한 가지 교훈이 있다.

그것은 인간은 신념을 지니고 있으면 그 신념을 위해 중요한 것도 희생시켜야 한다는 것이다. 무슨 일이든 할 수 있지만, 무언가 큰 희생을 강요받으면, 거기에는 큰 시련이 부딪친다. 그 시련을 거쳐야만 인간은 비로소 영웅이 되는 것이다.

아브라함은 그 생전에 열 번에 걸친 서로 다른 시험을 받아야만 했다. 그것은 어째서일까. 예컨대 도공은 일단 깨어진 도기는 시험해보지 않는다. 그러나 깨어지지 않은 깨끗한 도기는 몇 번 씩 두들겨 보고 정말 단단하게 만들어져 있는가를 시험해 본다.

훌륭한 것일수록 몇 번 씩 엄한 시련을 겪지 않으면 안 된다. 하나님은 언제나 인간 개인, 또는 사회를 시험해 보는 것이다. 한데 인간이라는 것은 자신이 귀중하게 여기는 것을 위해선 여러 가지 것을 희생시켜 버린다. 예를 들면, 돈이나 직위를 중히 여기느라고 가족을 희생시키는 사람도 있다. 인간은 죽을 때, 자연히 죽는 일은 극히 드물다. 병이 나거나 사고에 의하여 죽는 경우가 많다. 하지만 진심으로 하나님이나 신념을 중히 여기는 사람은 하나님이나 신념을 위해서라면 자신의 목숨을 바칠 수도 있다. 아브라함은 하나님의 끊임없는 시험에 의하여 거기까지 이르게 되었었다.

외국인

『나는 당신들 중의 나그네요, 우거한 자니 청하건대

당신들 중에서 내가 매장지를 주어 소유를 삼아 나로 내 죽은 자를 내어 장사하게 하시오』(제23장 제4절)

앞의 성서 구절 내용은 아브라함이 아내 사라가 죽은 후에 한 말이다.

고대 사회에서는 사람이 죽으면 동굴 속에서 장사지내는 것이 습관이었다. 아브라함은 신으로부터 가나안의 땅(이스라엘)을 부여받고 있었지만 그곳에서 태어난 자가 아니었으므로 실제로는 그 땅은 아브라함에게 속해 있지 않았다. 그래서 아브라함은 자기 아내를 매장하기 위하여 땅을 사려고 했으나 가나안 사람들은 땅을 팔기를 꺼려했던 것이었다.

성서 구절에서 랍비가 주의한 말은

『나는 당신들 중의 나그네요』라고 한 말이다.

자신이 그 땅에 살고 있지만 관념이 아닌가 하고 생각한 것이다.

성서에는 아브라함이 주위 사람들과 친했을 때는 거주자였지만 주위 사람들과의 관계가 나빠졌을 때에는 외국인이나 이방인 이라는 입장이 강하게 느껴진다.

아브라함 시절에 이방인이라는 것이 어떤 뜻을 지니고 있었는가를 인식하여야만 하지만 오늘도 같은 말을 할 수 없는

것은 아니다. 그것은 외국인이 어떤 나라에서 그 나라에 60
년이나 70년 동안 살았다 하더라도 그 나라의 완전한 사람이
될 수는 없을 것이다. 그 나라에서 태어나고 자라난 사람과
이방인이 똑같은 권리를 지닌다고는 생각할 수 없다. 이방인
은 여러 가지 면에서 차별된다. 오늘날에 있어서도 외국인이
그 나라의 국적이나 시민권을 얻기는 어려운 일이다.

아브라함은 아마도 주위 사람들과 마찬가지로 오랫동안 그
나라에 살고 있었음에 틀림이 없고 그 땅의 거주자이긴 했지
만 그렇더라도 외국인으로써 거주를 허락받고 있었을 뿐이
다. 아브라함은 주위 사람들이 친구인가 적인가를 알아보기
위하여 그런 방법을 택했던 것이다. 아브라함은 가나안 사람
끼리 매매되는 값보다도 비싼 값을 치르고 묘지를 얻었다. 그
것은 아브라함이 외국인이었기 때문이었던 것이다.

아브라함의 아들인 요셉이 이집트인 집에 들어가 일하게
되는데, 주인집 딸을 겁탈했다는 누명을 쓰고 투옥 당한다.
옥중에서 역시 투옥 되어 있던 어떤 이집트 왕족을 만나 꿈을
해몽하여 요셉은 석방된다. 석방되어 궁정에 나가 꿈 해몽을
해서 여러 가지 예언이 맞았으므로 이집트의 『바로』왕에 의
해 제상으로 임명되기에 이른다.

요셉은 가족을 부르고 유태인들을 위해 많은 일을 하지만

요셉이 죽은 후에는 이집트에 있는 유태인들은 모두 노예가 된다.

유태인이 고생하는 이유는 외국인 거주자라는 이유 때문이었으며 이 이야기는 외국인 거주자라 하더라도 그 나라 사람과 똑같이 대하라는 교훈을 주려는 것이다.

그리고 이 장 맨 처음에 나오는 『나그네』라는 것은 헤브라이어로는 『게아』라는 말이 쓰이고 있다. 그것은 외국인이라는 뜻이다.

그 다음에는 『토샤브』란 말이 있는데, 그것은 거주자라는 뜻이다. 그렇기 때문에 성서에 『나그네』라고 되어 있는 것은 번역과정에서의 잘못이다.

결혼과 인종차별

"내가 너로 하늘의 하나님, 땅의 하나님이신 여호와를 가리켜 맹세하게 하노니 너는 나의 거하는 이 지방 가나안 족속의 딸 중에서 내 아들을 위하여 아내를 택하지 않고 내 고향 내 족속에게로 내 아들 이삭을 위하여 아내를 택하라." (제24장 제3~4절)

아브라함은 아들 이삭을 피가 같은 동족과 결혼시키려고 인종을 달리 하는 가나안 사람들과 결혼하지 말라고 한다.

만일 이삭이 가나안 사람과 결혼한다면 아브라함이 애써 시작한 종교를 이삭의 자식들이 믿지 않게 될 것이고, 또 가나안 사람의 피가 섞이면 평화롭게 살 수 있을지가 크게 염려된 것이었다.

이삭이 만약, 가나안 사람과 결혼하면 가나안 사람이 다수를 차지하고 있으므로 차츰 그 풍습이나 종교에 물들고 말 것이다. 때문에 아브라함은 이삭에게 친족의 아내를 맞아 가나안 땅으로 돌아오라고 명했다.

긴 역사를 통해 볼 때 유태인은 항상 소수 민족이었으므로 주위에 있는 민족에 흡수되어 버릴까봐 경계하여 왔다.

유태인에게 인종차별 같은 사고방식은 없었으므로 이민족과의 결혼을 반대하지는 않는다.

그러나 한편으로 유태인은 유태인의 종교를 지키며 살아가려는 강렬한 희망을 지니고 있으므로, 유태인이 다른 민족과 결혼 할 때에는 상대방을 종교적으로 유태인이 될 것을 바랐던 것이다.

유태인은 남편의 자리, 아내의 자리라는 것은 종교적으로 정해져 있어서 만일 자신의 배우자가 그 습관을 지키지 않으면 가정은 무너진다.

그러므로 이민족과 결혼에는 반대한다. 그것은 결코 유태인의 인종차별은 아니다.

죽음

그가 수가 높고 나이가 많아 기운이 진하여 죽어 자기 열조에게로 돌아가매 (제25장 제8절)

지금까지 아브라함의 죽음에 관하여 그의 조상과 함께 있게 되었다는 것은 아브라함이 죽어서 사라져 버린 것이 아니라 지금까지도 그의 업적이나 가르침은 계속해서 살아 있다는 것을 나타내고 있다.

그러한 표현법은 성서에서는 비로소 처음 사용되고 있는 것이다.

사람은 다만 죽음이 뜻하는 보잘 것 없는 죽음이 아니라 죽어서 다른 사람에게 잊혀지지 않을 만한 업적을 남기지 않으면 안 된다.

죽음이라는 것에 대해서는 헤브라이어로도 몇 가지 단어가 있지만, 위대한 사람이 죽었을 때에는 흔히 그렇게 말하고 있다.

때문에 우리도 그런 식으로 죽어가지 않으면 안 되는 것이다.

「임」의 의미

　　야곱이 서원하여 가로되

　　"하나님이 나와 함께 계시 사 내가 가는 이 길에서 나를 지키시고 먹을 양식과 입을 옷을 주사, 나도 편안히 아비 집으로 돌아가게 하시오면 여호와께서 나의 하나님이 되실 것이요, 내가 기둥으로 세운 이 돌이 하나님의 전이 될 것이오, 하나님께서 내게 주신 모든 것에서 십분의 일을 반드시 하나님께 드리겠나이다." 하였더라.(제28장 제20~22절)

　야곱이 돌아오게 되었을 때, 형제는 어떻게 자기를 맞이할까, 자기의 형제가 자기를 죽이지나 않을까 하고 몹시 걱정한다.

　그래서 하나님께서, 만일 저를 축복해 주신다면, 또 반드시 이 몸을 지켜 주신다면 저는 항상 당신을 따르겠나이다. 하고 맹세한다.

　야곱은 신에 대하여 항상 감사하는 마음을 지니고 있었다.

　그것은 그가 메소포타미아를 여행하고 있을 때에 자주 위대한 경험을 했기 때문이다.

그러나 야곱은 그러한 위대한 경험을 하였음에도 불구하고 『만일 당신이 ~한다면』하는 조건 투쟁을 하고 있다.

그것은 헤브라이어로는 『임』이라는 말인데 영어로는 『이프』에 해당된다.

『임』이라는 말은 자주 『~한다손 치더라도』라는 뜻으로 사용되기도 한다.

대개 가난한 사람은 언제나 신에게 감사하고 있는 인간이다. 그러나 부를 얻음에 따라 그러한 마음은 차츰 사라져 간다. 즉 가난하여 감사하는 마음에 넘쳐 있는 것은 비교적 평범한 일이지만 사람이 부를 얻고도 감사하는 마음을 가지는 것은 매우 드물고 힘든 것이다.

그래서 여기서는 그 『임』이란 말은 『~주신다면』이라고 읽는 것 보다는 『~하신다 하더라도』라는 식으로 풀이하여 『평안히 아비 집으로 돌아가게 하시더라도』라는 뜻으로 풀이하는 것이 좋은 것이다.

　야곱이 또한 라헬에게로 들어갔고 그가 레아보다 라
헬을 더 사랑하고 다시 7년을 랍비에게 봉사하였더라.
(제29장 제30절)

　야곱은 메소포타미아에 살고 있던 그의 삼촌인 라반을 만
나러 갔다. 야곱의 삼촌 라반에게는 두 딸이 있었는데, 야곱
은 동생 되는 딸과 사랑하게 되었다. 그러자 삼촌은 7년 동안
일해주면, 그 라헬을 너의 아내로 주겠다고 약속했다. 야곱은
라헬과 결혼하려고 열심히 일했다. 7년이 지난 후에 삼촌은
라헬이 아니라 언니인 레아를 그의 아내로 주었다. 즉 그는
삼촌에게 속은 것이었다.

　그런데 삼촌은 다시 7년을 더 일하면 그때야말로 라헬을
주겠노라고 했다. 야곱은 레아와 이미 결혼한 처지였지만 라
헬을 몹시 사랑하고 있었으므로 다시 7년 동안 라반의 약속
을 믿고 열심히 일했었다.

　자신이 사랑했던 사람을 위하여 야곱은 그처럼 열심히 일
했다고 해서 오늘날까지도 유태인들의 존경을 받고 있다. 그

것은 무엇을 위해서 일을 하면 그 대상이 된 것은 점점 더 귀중해진다는 것도 말해주고 있는 것이다.

훗날 예루살렘에 신전이 세워질 때 유태인은 모두 자기도 신전을 짓는데 참가하려고 했다. 동쪽 벽은 돈 많은 사람들이 사람을 고용해서 만들었다. 남쪽 벽은 귀족이 만들고, 북쪽 벽은 정부가 만들었다. 일반 대중은 손수 벽돌을 쌓고 흙을 다져서 서쪽 벽을 만들었다. 서기 70년에 신전이 파괴되었을 때, 오늘날까지도 유적으로 남아 있는 것은 서쪽의 일반 대중이 만든 벽뿐이다. 그것이 유명한 『통곡의 벽』인 것이다. 더구나 그 『통곡의 벽』이란 이름은 유태인들이 지은 이름이 아니라 다른 사람들이 그 벽을 향하여 유태인들이 매우 감격하여 우는 것을 보고 『통곡의 벽』이라고 이름을 붙여 부르게 되었다.

감사하는 마음

그가 또 잉태하여 아들을 낳고 가로되
『이제는 여호와를 찬송하리로다』하고 이로 인하여
그가 그 이름을 유다라고 하였고 그의 생산이 멈추었

더라. (제29장 제30절)

이 성서 구절 내용은 무언가 일어난 것에 대하여 신에게 감사한다는 최초의 경우이다.

그 후 유태인들은 아무리 작은 일이라도 자신들이 가지고 있는 것에 대해서 언제나 감사하는 마음을 나타내 온 것이다.

그것은 미국에서 실제로 있었던 일로써 미시칸 호에서 19명의 사람들이 익사하기 직전에 있었다. 어느 젊은이가 기슭으로부터 그 19명의 생명을 구했다. 그 젊은이가 인터뷰를 요청받고

"이번일로 당신이 가장 기억에 남는 일이 무엇입니까?"

라는 질문을 받았을 때 그는 다음과 같이 대답했다.

"19명 중에 한 사람도 감사하다는 말을 하는 사람이 없었다는 것이지요."

가족

또 형제들에게 『돌을 모으라』 하니 그들이 돌을 취하여 무더기를 이루매 무리가 거기 무더기 곁에서 먹고 (제31장 제46절)

야곱이 산에서 제사를 드리고 형제들을 불러 떡을
먹이니 떡을 먹고 산에서 경야하고 (제31장 제54절)

구약성서 창세기 제31장 제46절 제54절을 비교해 보면 재
미있는 점이 있음을 알게 된다. 제54절에서는 사람들은 식사
를 하며 제사를 드렸지만 특별한 일을 했다고는 쓰여 져 있지
않다. 하지만 제46절에서는 일을 하고 식사를 들었다고 쓰여
져 있다.

앞의 두 절 모두 『형제』라고 번역되어 있는데 그것은 헤브
라이어로는 『일족』이나 『가족』이란 말로써 뜻은 전적으로 다
르게 생각되지 않으면 안 된다. 제46절에서는 형제나 가족이
라는 뜻이지만 제54절에서는 가족이나 형제가 아니라 많은
사람이라고 생각해야 한다. 즉 교훈은 무엇인가를 축하하고
떠들썩하게 식사를 할 때에는 누구나 와 주지만 궂은일을 당
했을 때에는 가족이나 형제밖에 의지할 데가 없다는 뜻이 된다.

편애

> 요셉은 노년에 얻은 아들이므로 이스라엘이 여러 아
> 들보다 그를 깊이 사랑하기 위하여 채색 옷을 지었더
> 니 (제37장 제3절)

열두 명의 아들과 딸 하나를 둔 야곱은 열두 명의 아들 가
운데서 요셉을 유난히 사랑했다. 그리고 요셉을 특별히 사랑
하고 있음을 보여주기 위하여 그는 그 아들에게 특별히 좋은
옷을 입혔다.

그것이 상의였는지 조끼였는지에 대하여는 알 수 없지만
아마도 색깔이 아름다운 비단옷이었으리라 추측되는 것이다.

그런데 그러한 특별한 옷을 야곱이 줌으로 해서 다른 형제
들은 요셉을 몹시 미워했다. 야곱이 한 아들만을 특별히 사랑
함으로 해서 그의 가족에게는 위기가 찾아오게 된다.

그 내용에서 유태인은 매우 큰 교훈을 얻어냈다. 한 아들만
을 편애함으로 해서 한 가족이 산산이 흩어지고 만다는,

자식들 가운데 어느 하나만을 편애한다는 것은 인간이 범
하기 쉬운 잘못이다. 그것은 부모들이 특별히 유념해야 할 일
인 것이다.

유다의 실수

>   유다가 그것들을 알아보고 가로되
>   『그는 나보다 옳다. 내가 그를 내 아들 셀라에게 주
>   지 아니하였음이로다』하고 다시는 그를 가까이 하지
>   아니하였더라. (제38장 제26절)

앞의 성서구절의 설명만으로는 우리는 앞의 인용문의 뜻을
이해하지 못할지도 모른다. 어째서 유다가 자기의 잘못을 인
정했는가, 어째서 『다시는 그를 가까이 하지 아니하였더라』
였을까.

사실은 그 부분에는 바로 앞에 한 가지 이야기가 있다. 하
지만 그 이야기를 나는 별로 좋아하지 않으므로 전문을 인용
하는 것은 피하고 요점만 말해 두겠다. 그 이야기를 읽은 다
음에 성경구절을 읽으면 이해가 갈 것이고, 유다가 셋째 아들
을 결혼시키지 않으므로 해서 생긴 상대방 여성의 비극도 알
게 되리라 믿는다.

그러니까 이미 이스라엘 백성의 지도자가 되어 있던 유다
가 자신의 잘못을 인정하고 있다는 점이 문제인 것이다.

즉, 유다에게는 세 아들이 있었는데 첫째 아들은 나쁜 짓을
저지르고 죽고 말았다. 주지하는바와 같이 유태의 풍습으로

는 남편이 죽으면 아내는 누구하고 결혼하지 않고는 살아 갈 수 가 없다. 그래서 동생이 있을 경우에는 죽은 남편의 동생과 결혼하는 것이 관례가 되어 있다. 그것은 자식이 없을 경우에만 적용되는 조건이지만 유다의 시절에도 형수를 지켜주기 위하여 둘째 아들이 그녀와 결혼했다.

그러나 그는 그녀와 결혼하고 싶지 않았으므로 결혼한 후에도 그녀와의 성관계를 거부했던 것이다.

한데 그러는 사이에 그 둘째 아들도 죽어 유다는 아들 둘을 잃고 말았다.

그래서 유다는 과부가 된 며느리에게,

"너는 친정으로 돌아가라. 막내아들까지 죽게 될지 모를 일이며, 그 아이는 아직 어리니 장성한 다음에 생각해 보자."

고 말했다.

한데 유다는 셋째 아들이 장성한 후에도 그들 둘을 결혼시키지 않았던 것이다.

유다의 아내가 죽은 지 얼마 후의 일이다. 한번은 유다가 자기의 양떼를 친구들과 함께 보러 갔을 때, 어느 도시의 길거리에서 매춘부를 발견했다. 유다는,

"얼마를 지불해야 되겠소?"

하고 매춘부에게 물었다. 그러자 그녀는,

"당신은 얼마나 지불하고 싶습니까?"

하고 되물었으므로 유다는,

"몇 마리의 양을 주겠소." 라고 말했다. 그러자 그녀는,

"하지만 당신이 정말 양을 줄지는 믿을 수가 없습니다. 그러므로 무언가 당신의 징표가 될 만한 것을 맡겨 놓았다가 나중에 양을 가져오면 그 징표를 돌려 드리겠습니다."

라고 말했다.

흥정은 이루어졌고, 무사히 친구들에게 돌아왔을 때, 유다는 친구들에게 양을 몇 마리 주어 매춘부에게 그 양을 가지고 가서 그의 징표인 도장과 끈과 지팡이를 가지고 와 달라고 부탁했다.

친구가 양과 함께 그 도시에 가서 매춘부를 찾자, 그 도시 사람들은 그 곳에는 한 사람의 매춘부도 없다는 것이었다. 유다의 친구들은, 이 도시에 매춘부가 분명히 있었고, 자기는 그 매춘부에게 값을 치르러 친구 대신 찾아왔다고 말했다. 그러자 끝내 매춘부는 찾지 못하고 친구들은 유다에게로 돌아와 그 이야기를 했다.

그로부터 얼마 후, 유다는 과부가 됐던 며느리가 임신했다는 말을 듣고 격분한 나머지,

"그녀를 끌어내어 불태워 버려라!" 라고 말하자,

"저는 이것을 가지고 있던 사람에 의해서 임신했습니다."

라고 하면서 징표를 내보였다.

그의 며느리가 매춘부처럼 가장하고 있었던 것을 그는 전혀 눈치 채지 못했던 것이다.

그 이야기는 성서에서는 어울리지 않는 일화이지만, 그렇게 억지스러운 이야기도 있는 것이다.

바위와 부자

요셉의 활이 도리어 견강하며 그의 팔의 힘이 있으니 야곱의 전능자의 손을 힘입음이라. 그로부터 이스라엘의 반석인 목자가 나도다. (제49장 제24절)

앞서 성서 구절에서는 『반석』에 해당되는 헤브라이어의 『에벤』이란 말이 문제이다. 그 말은 성서 안에 자주 나온다. 한 예를 들면 성서의 십계명은 바위 위에 새겨졌으며 야곱은 바위 위에서 자주 잠을 잤었다.

에벤이라는 말은 『아브』라는 말과 『벤(아들)』이라는 두 말을 합친 것이다. 다시 말해 『부자』라는 말이 된다. 아버지와 아들이 합쳐지면 반석만큼 튼튼하다는 뜻이 되는 것이다.

　오늘의 유태인들이 발견하게 된 가장 큰 비결은 가족의 단결력이 강하다는 점에 있다. 바꿔 말하면 하나님과 이스라엘 백성이 아버지와 아들이라는 관계로 굳게 맺어져 있는 것이 유태인을 오늘날까지 지탱시켜 온 원동력이라고 할 수 있는 것이다.

```
권 사 유
판 본 소
```

탈무드지혜

2020년 09월 20일 인쇄
2020년 09월 30일 발행

지은이 | 마 빈 토 케 이 어
펴낸이 | 최   원   준

펴낸곳 | 태 을 출 판 사
서울특별시 중구 다산로38길 59(동아빌딩내)
등 록 | 1973. 1. 10(제1-10호)

©2009. TAE-EUL publishing Co.,printed in Korea
※잘못된 책은 구입하신 곳에서 교환해 드립니다.

■ **주문 및 연락처**
우편번호 [0][4][5][8][4]
서울특별시 중구 다산로38길 59 (동아빌딩내)
전화 : (02)2237-5577 팩스 : (02)2233-6166

ISBN 978-89-493-0618-6   03000